(Couleur de la Couverture)

GUIDE
CATALOGUE

L⁸ K.
1103

Préfecture d'Alger – Dépôt légal

AVIS AUX ETRANGERS

qui veulent visiter la province d'Alger

Concentrer, en quelques pages, les indications et renseignements utiles à tous les Européens qui viennent visiter, en touristes, la province d'Alger, tel est le but modeste de cette courte Notice.

L'auteur met au service de ceux qui veulent voir et bien voir notre beau pays, les fruits de son expérience personnelle.— Algérien presque de naissance, il a vu de ses yeux et parcouru à plusieurs reprises toutes les localités, tous les chemins qu'il indique. Il sait les difficultés que présentent certaines excursions, et aussi les ressources qui s'y rencontrent, et peut enseigner aux étrangers, aussi bien qu'à beaucoup d'Algériens, les moyens de voyager soit dans les environs d'Alger, soit dans l'intérieur, le plus vite et au meilleur marché possible, — tout en y consacrant le temps nécessaire pour s'initier aux mœurs des différentes races, qui vivent côte à côte sur les territoires de l'Afrique française.

Comme c'est au port d'Alger que débarquent

presque tous les voyageurs européens, c'est par une courte description de cette ville que doit commencer la série des renseignements qui peuvent les aider dans leurs investigations à travers cette cité singulière où les mœurs de l'Orient et de l'Occident se trouvent en contact perpétuel, sans pourtant se confondre.

C. PORTIER.

ALGER

Ancienne capitale du plus puissant et du plus redouté des Etats Barbaresques, la ville d'Alger, depuis 1830, époque de sa conquête par la France, a donné son nom à tous les territoires successivement soumis à notre domination sur les côtes septentrionales de l'Afrique.

L'antique El-Djezaïr — en arabe les Iles — Alger la guerrière, — ce nid de forbans, est resté la capitale des possessions Françaises, le siège de leur gouvernement. Située au bord de la Méditerranée par 0,44 m. de longitude Est du méridien de Paris et 37 degrés 47 minutes de longitude Nord, — c'est-à-dire presque au niveau de Cadix et de la pointe méridionale de l'Espagne, sa distance de Paris est de

1644 kilomètres : ce qui équivaut à 1021 miles anglais de 1760 yards.

La population de la ville (*intrà muros*) s'élève à 55,000 habitants, dont environ 34,000 Français, y compris 8,000 Israélites indigènes, 6,000 Musulmans, Maures ou Arabes et 15,000 étrangers, pour la plupart Espagnols, Italiens et Maltais.

Vue de la mer à une certaine distance, Alger offre l'aspect d'un cône tronqué, d'une entière blancheur dans sa partie supérieure, et de teinte plus grise à sa base. Bâties par les Maures et les Turcs, les maisons de la vieille ville apparaissent sur la pente rapide d'un contre-fort détaché du mont Bouzaréa, au-dessus des hautes constructions de la ville européenne dont le pied semble se baigner dans la mer.

Placé à l'Ouest d'une baie, rade foraine et mal abritée, — le port, presque entièrement artificiel et construit à grands frais, est fermé par deux môles, dont l'un au Nord a plus d'un kilomètre, presque un mile anglais de longueur. Eclairé par un phare et deux feux placés à son entrée, ce port n'a pas moins de 90 hectares de superficie, soit plus de 222 acres. Il peut contenir 30 à 40 bâtiments de guerre et 200 navires de commerce à voiles, de 150 à 200 tonneaux : jauge ordinaire de ceux qui parcourent la Méditerranée.

Du côté de la ville, des quais, trop étroits par places, bordent le port et sont échancrés par deux bassins de faible dimension ; en outre, les bâtiments de la Douane, ceux appropriés au service des compagnies de transport par bateaux à vapeur et la gare du chemin de fer d'Alger à Oran absorbent une trop grande part de la surface de ces quais dominés par un boulevard qui présente l'un des plus beaux fronts de mer du monde.

Cette magnifique construction, achevée en six ans par une compagnie anglaise que dirigeait sir Morton Peto, n'a pas moins de 1,150 mètres de parcours, — 1.248 yards. Les montées et rampes qui, de toute part, mettent ce boulevard en communication avec les quais, atteignent presque le même chiffre.

Enfin, la série des voûtes hautes et profondes, à double étage sur certains points qui soutiennent cette large voie, offrent au commerce 48,000 mètres superficiels de magasins couverts et frais en toute saison. Des escaliers, en partie couverts et partant du quai, montent en plusieurs endroits sur le boulevard, l'un d'eux aboutit à celui où ce boulevard se confond avec la principale place de la ville qui offre ainsi au spectateur un panorama superbe sur le port, la mer et les montagnes qui forment l'horizon à l'Est de la rade.

Presque au milieu et au Nord de cette place, en arrière d'une statue en bronze du duc d'Orléans, mort avant la révolution de 1848 qui renversa le roi Louis-Philippe, s'élève une mosquée construite par les Turcs et consacrée au rite de la secte hanéfite, l'une des quatre sectes orthodoxes de la religion musulmane. Sa structure singulière en forme de croix latine, dont le centre est surmonté d'un dôme ou marabout, mérite un examen spécial ; l'entrée en est facile aussi bien que celle de la grande mosquée malékite placée un peu plus au Nord, donnant d'un côté sur le boulevard et de l'autre sur une rue qui partant d'une petite place descend vers un escalier conduisant au port. L'étranger peut visiter ces mosquées ouvertes presque toute la journée et dont la plus grande renferme dans son enceinte le tribunal du Cadi, juge musulman qui statue sur les procès de ces coreligionnaires.

A l'Est de la place, le boulevard qui se prolonge jusqu'à l'extrémité de la ville basse, est bordé de superbes maisons à grandes arcades. Les plus remarquables sont la banque et l'hôtel d'Orient, aux élégantes et larges proportions. Puis l'établissement de la Perle, qui offre tous les soirs aux amateurs de musique, l'attrait d'un concert plein de gaité.

L'hôtel de l'Oasis qui vient ensuite, moins luxueux que l'hôtel d'Orient, est bien situé et digne d'être recommandé aux étrangers.

Il en existe d'autres fort bien tenus, comme l'hôtel de la Régence, situé sur la place, au-dessus d'un bosquet de palmiers et d'orangers, ainsi que l'hôtel d'Europe, placé près du Théâtre. Sur la place du Gouvernement est placé le café de la Bourse, l'un des plus anciens d'Alger, où l'on peut déjeûner ou dîner comme dans les meilleurs cafés-restaurants parisiens. La cave comme la cuisine n'y laissent rien à désirer.

Outre le Boulevard, plusieurs rues de la basse ville et la place du Gouvernement sont bordées d'arcades qui, en tout temps, permettent au piéton de circuler d'un bout à l'autre de la ville, sans s'exposer aux ardeurs d'un soleil presque toujours sans nuages et aux ondées, rares mais drues, d'un hiver moins froid que le printemps de l'Angleterre et du Nord de la France. Car, telle est la douceur du climat qui règne sur tout le littoral algérien, que l'hiver y est certainement la saison la plus agréable. Verdure et fleurs y couvrent constamment les jardins et les champs. La neige ne s'y voit que sur les hautes cimes de l'Atlas et seulement pendant quelques mois, elle disparaît toujours avant la fin d'avril.

On trouvera dans les beaux jours, si fréquents ici

pendant l'hiver, une agréable promenade dans le square, situé sur le boulevard en face le Théâtre. Ce ne sont pas de vastes et ombreuses allées ; mais on a réuni là, toutes les plantes et tous les arbres exotiques, qui s'accommodent si bien de notre beau ciel et à qui l'Europe ne peut donner l'hospitalité.

Etre assis, au mois de janvier, par une douce chaleur, sous un soleil resplendissant, au pied d'un arbre des tropiques et celà à deux pas de la France, n'est pas sans charme surtout pour ceux que le ciel inclément de l'Europe a fait fuir.

Dans son aspect, la ville basse toute entière est semblable aux cités européennes. Sous les arcades qui les bordent de chaque côté, s'ouvrent d'élégants magasins où chacun peut trouver à souhait de quoi satisfaire aux exigences raffinées de la civilisation la plus avancée. Marchands et artisans de toute sorte s'y rencontrent à chaque pas. Il n'est article de consommation, d'ameublement ou de toilette que l'on ne puisse s'y procurer.

Des voitures publiques, partant à chaque instant, conduisent dans tous les environs, et sur plusieurs places stationnent des calèches, paniers et autres véhicules, qui se louent à la course, à l'heure ou à la journée.

Le prix de tous ces véhicules est fixé à un chiffre modéré, par un tarif affiché dans chaque voiture. Celle qui par le bon marché, attire le plus grand nombre d'habitués, porte le nom de *corricolo*, bien qu'elle ne ressemble en aucune façon au corricolo napolitain. Celui d'Alger est une sorte de longue carriole couverte, montée sur quatre roues, s'ouvrant à l'arrière par une portière garnie d'un marche-pied ; on s'y asseoit sur deux banquettes dans le sens de la longueur et adossées contre les parois du coffre ; chacune de ces banquettes peut suffire à quatre personnes, — deux autres peuvent s'asseoir avec le cocher sur un banc ouvert, à l'avant de la machine que traînent deux ou trois chevaux du pays. Malgré leur méchante mine, leur course est rapide et l'on va vite; par contre, on est rudement secoué.

C'est la voiture des petites bourses ; les Indigènes s'y trouvent si bien que c'est pour eux une fête d'y voyager, et il n'est pas rare de les voir s'entasser en nombre dedans et dehors, sur l'impériale, de façon à ne pouvoir remuer.

De plus, une ligne de tramways, établie en 1876, offre un moyen de transport plus confortable, à peu près au même prix. Avec leur secours, les touristes peuvent visiter les environs d'Alger sur un espace de 15 kilomètres.

Toutes les 5 minutes, ces voitures partent de la place du Gouvernement, et vont, les unes jusqu'à Hussein-Dey, en passant par Mustapha, le Jardin-d'Essai et le Ravin de la Femme sauvage. Les autres se dirigent du côté de Saint-Eugène et de la Pointe-Pescade.

Les principaux édifices de la basse ville sont à peu près tous des constructions bâties depuis la conquête ou refondues et appropriées aux convenances européennes. Aussi, en partant de l'extrémité Nord — soit de la porte *Bab-el-Oued* — (Porte du Ruisseau), on trouve à gauche, au pied du rempart, l'arsenal et l'esplanade d'artillerie entre la route et la mer; puis à droite, les magasins du génie, et, sur le terrain qui s'élève, un jardin public formant terrasse et dénommé jardin *Marengo*, du nom d'un officier qui l'a créé en employant à cette tâche difficile de transformer en une véritable oasis un terrain nu et ravagé, les bras des condamnés militaires, enfermés dans un fort voisin.

Puis se dressent, contigus au Jardin, les vastes et superbes bâtiments du Lycée d'Alger. En continuant de marcher par la rue Bab-el-Oued qui s'ouvre sur une petite place à la suite du Lycée, on passe devant une vieille mosquée mauresque, convertie en église catholique, et l'on arrive à la place du Gouvernement dont nous avons déjà parlé. A l'Ouest, elle est plantée d'une allée de platanes séparée par une large voie des hautes maisons qui la bordent. Les deux plus grandes forment autant d'îlots et sont percées de passages où se sont réfugiés les marchands maures et juifs qui peuplaient les anciens bazars, placés sur le même terrain.

C'est dans les boutiques ouvertes sous ces passages, que, dans de petits magasins, se vendent ce que l'on appelle les articles indigènes : tissus, tapis, petits meubles et surtout bijoux de valeur minime. La plupart des objets étalés dans ces étroites loges et au dehors, sont trop souvent de fabrique française. Quand on se laisse prendre à ces contrefaçons, on achète fort cher des objets de prix infime. Mais il est un endroit où peuvent s'acheter au-dessous de leur valeur nombre de curiosités de provenance certaine, c'est tout simplement aux ventes mensuelles du Mont-de-Piété, — établissement de prêt sur gage, où les amateurs de ces objets pourront acheter ou faire acheter par intermédiaire, des haïcks de Tunis, des tapis de Mascara, des étoffes brodées par les femmes arabes, des bijoux grossiers de Kabylie et ceux plus délicats travaillés par les Maures.

Que l'on pardonne à l'auteur cette digression dans l'intérêt des étrangers que trompent trop souvent les courtiers indigènes de toute religion.

Après avoir traversé la place en droite ligne, par la rue Bab-Azoun, on arrive à la place Bresson où s'élève le Théâtre, de structure agréable à l'extérieur, mais qui, à l'intérieur, ne répond pas à l'élégance incontestable de sa façade.

Plus loin, sur le boulevard de la République, déjà décrit, dont le tracé est parallèle à la rue Bab-Azoun et à celle de Constantine, qui en est la continuation, on remarque le bel édifice où sont réunis les services du Trésor, de la Poste et du Télégraphe.

Sur la rue de Constantine on trouve encore, à droite, une série de voûtes sur lesquelles monte une rampe garnie de belles maisons et dont le pied est décoré d'un très beau palmier. En face, sont les énormes constructions de la Manutention militaire, où les grains achetés par l'administration sont emmagasinés, moulus et transformés en pain et biscuit pour les troupes.

Enfin, après une petite esplanade, où débouche le boulevard pour se réunir à la route qui sort de la ville, se trouve le vieux fort Bab-Azoun, bâti par les Turcs et servant aujourd'hui de caserne-prison aux condamnés militaires.

En face du fort Bab-Azoun, entre le terrassement du mur d'enceinte et les terrains plus élevés que la route dont elle est bordée à droite, est coupé un chemin ou tranchée montant à une porte, consistant en deux hautes voûtes qui percent le rempart et aboutissent au pont-levis jeté sur le fossé.

Cette porte, la route extérieure où elle conduit et la rue spacieuse par où l'on y arrive du côté de la ville, ont toutes trois reçu le nom d'Isly, en mémoire de la bataille gagnée sur l'empereur du Maroc par le maréchal Bugeaud, l'un des gouverneurs de l'Algérie.

En tournant vers l'intérieur de la ville pour y revenir par la rue d'Isly, on trouve sur une petite place qui la précède, la chapelle consacrée au culte de la religion dominante en Angleterre. Cet édifice de petites dimensions, mais d'un style élégant et sobre, a été construit aux frais de la société anglaise, assez nombreuse à Alger, qui, en outre, a acquis la propriété d'une part du cimetière de Mustapha, commune contiguë à la ville, d'où la vue embrasse toutes les terres situées entre le sommet des collines qui la dominent et la mer, sur une longueur de 6 kilomètres — 3 milles et demi.

Après avoir parcouru la rue dite de Constantine de l'Ouest à l'Est jusqu'à l'enceinte, la rue d'Isly qui lui est à peu près parallèle, est le meilleur et le plus court chemin pour revenir vers le centre et passer dans les hauts quartiers.

Si le visiteur suit en marchant, de l'Est à l'Ouest, cette voie large, plantée d'arbres et déjà garnie sur presque tout son parcours de maisons européennes et d'établissements industriels, il rencontre bientôt une place carrée au milieu de laquelle se dresse sur un piédestal de granit rose, la statue en bronze du maréchal Bugeaud.

Marchant encore dans le même sens, on arrive au bout de la rue d'Isly, qui tombe dans celle dite de Rovigo, ainsi baptisée du nom d'un autre gouverneur, — Savary, duc de Rovigo, — l'un des serviteurs dévoués du premier empire qui a dû sa fortune et sa triste notoriété au rôle par lui joué dans l'assassinat du duc d'Enghien.

Cette rue ou route de Rovigo qui, par nombre de détours s'élève jusqu'en haut de la ville, s'amorce sur la limite de la place du théâtre et son premier tournant à droite, rencontre la route d'Isly qu'elle continue en montant pour bientôt tourner à gauche. En traversant la première partie de cette voie qui monte et suivant le court tronçon compris entre les deux tournants, on aperçoit bientôt une grande place dont trois côtés sont bâtis, le quatrième est formé seulement par un mur d'appui, interrompu au centre par un espace vide formant le sommet d'un escalier monumental en pierre, à doubles rampes et balustres qui descend sur un morceau de terrain placé derrière et au niveau du théâtre.

Ainsi, de la disposition inégale des terres sur lesquelles a été bâti tout ce quartier, il résulte que, placé au débouché de l'escalier sur la place supérieure, on se trouve à peu près à la hauteur du toît contriforme du Théâtre, et comme qui dirait au second étage de la ville.

Sur cette place, dite de la Lyre, et du côté Nord, s'ouvrent deux rues, toutes deux percées à travers des terrains tourmentés, où, dans un dédale de ruelles, d'impasses sombres et tortueuses, s'entassent de vieilles maisons mauresques.

La première, dite de la Lyre, comme la place où elle finit, descend jusqu'à la Cathédrale par une pente assez rapide entre deux rangées d'arcades, surmontées de maisons élevées et bâties avec un certain luxe, jusqu'à la place où sont situés côte à côte la Cathédrale et le Palais du Gouverneur général.

La seconde, moins inclinée, baptisée rue Randon, nom d'un troisième gouverneur, monte doucement par une courbe peu gracieuse jusqu'à la place du même nom où est située la synagogue israélite. Presque tous les quartiers placés au-dessus appartiennent à

LA HAUTE VILLE

Dans cette partie de la capitale algérienne, que beaucoup appellent encore le vieil Alger, l'élément européen de la population n'a pénétré que dans certaines fractions clair-semées.

Là, règnent encore les mœurs musulmanes, les mœurs de l'Orient ; là, d'étroites ruelles, tortueuses et sombres, souvent taillées en escalier, sont enfouies entre les rangées de loges informes, sans autre ouverture extérieure qu'une porte massive et quelques lucarnes carrées, garnies de barreaux croisés en fer. Presque toutes ces demeures surplombent sur la rue, et beaucoup passent par dessus. Les difficultés que présentent à chaque instant ces voies rapides et délabrées, expliquent l'abandon général dont les honore la population sédentaire de race européenne ; mais elles offrent, par contre, au voyageur et à l'artiste qui recherchent le pittoresque, des accidents, des aspects étranges et curieux.

Un ou deux jours consacrés à une excursion au milieu des restes encore debout de la cité des forbans, ne sera pas temps perdu pour ceux qui veulent se faire une juste idée des races diverses dont elle était peuplée aux temps de sa splendeur barbare.

Au sommet de ces vieux quartiers, en partie détruits et placés en haut du cône que forme la ville, existe encore le palais-forteresse, dernier refuge des souverains de la Régence d'Alger, de ces despotes élus par une milice mercenaire, qui jouissaient d'un pouvoir absolu, tempéré par la révolte et l'assassinat.

Aujourd'hui, la Casba a bien changé de face ; une voie publique carrossable, la traverse et communique avec le dehors par la porte donnant sur la campagne, jadis réservée aux habitants de la forteresse. Une partie des bâtiments sert de caserne ou de logement à l'officier qui commande le fort désarmé.

De là, une longue voie en pente trop rapide, se précipite au cœur de la basse ville, dans la rue Bab-el-Oued, au coin de la Mosquée, convertie en église catholique, sous l'invocation de Saint-François-de-Paule ; à droite et à gauche, courant dans tous les sens de haut et de bas, s'embranchent une foule de ruelles sur lesquelles s'en ramifient d'autres.

On y trouve quelques maisons mauresques bien conservées à l'intérieur et toutes construites à peu près sur le même modèle : — cour dallée découverte, plus élevée que la rue ; où l'on accède par des portes en bois sculpté à garnitures en fer ouvragé, et un escalier droit, à hautes marches, revêtues de marbre ou de faïences vernies, ainsi que les murs, jusqu'à hauteur d'appui. Sur tous les côtés de cette cour, des colonettes en marbre ou pierre, avec ou sans torsades, cannelures et chapitaux sculptés, provenant de fabrique italienne, soutiennent des arceaux en ogive, le tout formant galerie *couverte* autour de la cour. — Au-dessus, autre galerie pareille, à balustrade en bois taillé et sculpté, à découpures légères ; sur cette galerie où l'on grimpe par un escalier plus rude encore que l'autre, s'ouvrent trois ou quatre chambres longues et pauvrement meublées, sauf de rares exceptions.

Mais ce n'est pas dans le fouilli de bâtisses à moitié en ruines de la haute ville, qu'il faut chercher les plus belles et les mieux conservées des habitations d'architecture mauresque. Sous la domination des Turcs comme sous celle de la France, les riches et les fonctionnaires de tout rang logeaient de préférence, dans la basse ville où étaient situées, en outre, les casernes des Jannissaires, véritables souverains de la Régence.

Aussi, en descendant de la Casbah du côté Nord, après la prison civile, de construction européenne et disposée pour l'application du système cellulaire, on ne rencontre rien de vraiment remarquable, à l'exception de la mosquée dite de Sidi-Abderrahman, bâtie sur la tombe du saint de ce nom, en dehors de l'ancien rempart, du côté de la porte Bab-el-Oued et au-dessus des bâtiments du Lycée, dont il a été parlé plus haut.

A une certaine époque de l'année, les femmes mauresques et arabes vont en pèlerinage au tombeau du saint Marabout, où beaucoup passent plusieurs nuits dans des chambres réservées à cet usage.

Après l'avoir visitée, on revient par la route Valée qui passe derrière le Jardin Marengo d'où l'on descend à l'entrée de la rue Bab-el-Oued, ayant ainsi visité tous les étages de la ville.

Comme il a été dit plus haut, c'est dans les quartiers transformés de la ville basse que se trouvent les échantillons les mieux conservés de l'architecture mauresque. Parmi ces palais appropriés aux divers services du gouvernement algérien, il faut citer, d'abord le Palais du Gouverneur et celui de l'Archevêque tous deux situés en regard, près de la Cathédrale, sur la petite place Malakoff, puis dans la rue voisine, dite de l'Etat-Major, l'ancienne résidence des héritiers du dey Mustapha, contemporain du Consulat qui prépara le premier Empire. C'est dans l'intérieur de ce palais très bien conservé, que le Musée et la Bibliothèque d'Alger ont été réunis, dans la rue de l'Intendance, la grande maison convertie en salle d'audience de la

Cour d'assises, et enfin, la caserne des Jannissaires, sise rue Médée, longtemps occupée par l'artillerie, ensuite par un Collége dirigé par le clergé diocésain, et destiné aujourd'hui au Cercle militaire de l'armée algérienne.

Mais il faut nous arrêter ici, car il est impossible d'indiquer en détail toutes les curiosités de cette ville singulière, dont il est utile de terminer la courte esquisse par quelques observations sur les diverses races indigènes qui font partie de sa population ; sur les costumes bigarrés, sur les types étranges et variés à l'infini qui, à chaque pas et partout, dans les rues, sur les places et marchés, défilent sous les yeux du spectateur européen.

Les Maures, issus des Arabes qui avaient conquis toute la côte africaine et envahi l'Espagne, sont, en général, religieux, honnêtes et paisibles.

Pieux musulmans, ils observent fidèlement les commandements de la loi du Prophète et les rites des sectes hanefite ou malekite.

Le sultan du Mogreb — Occident — souverain du Maroc est leur chef spirituel. Ceux de la classe aisée, propriétaires, marchands ou fonctionnaires, portent hors de chez eux un costume élégant et riche, à peu près semblable à celui des habitants de Tunis, leurs correligionnaires, — soit une veste longue en drap, d'une couleur claire ou au moins voyante, ornée de broderies, soutaches et agréments, de nuance plus foncée sur un gilet pareil. Puis, au-dessous d'une ceinture de soie richement bariolée et faisant plusieurs tours, à la hauteur des reins, un vaste pantalon plissé de largeur énorme, mais court, descend un peu plus bas que le genou.

La tête rasée est coiffée d'une *chachia*, bonnet rouge foncé, où s'attache au milieu un gros gland de longue soie bleue ou jaune. Ce bonnet forme la calotte du turban, dont la toile, d'un blanc mat, brodée de soie jaune brillante, fait plusieurs tours au-dessus du front qu'elle cache à demi, le tout se recouvre d'un *burnous*, — manteau-capuchon d'une éclatante blancheur, brodé et orné de glands en soie pareille.

Les jambes sont nues, sauf chez les vieillards ou les francisés, qui se permettent des bas de coton ou de laine, et les pieds se chaussent de souliers très découverts, à bout large et rond. Quelques-uns parmi les hommes d'âges, portent la barbe longue, et il s'en voit parmi eux de superbes. Mais les jeunes, surtout, et le plus grand nombre se contentent de la moustache.

Comme de raison, la tenue des pauvres est beaucoup plus modeste ; leur vêtement, sommaire et léger, se compose d'une mauvaise *chachia* ou calotte rouge, entourée d'un mouchoir en cotonnade bariolée ; une ceinture de laine commune sur une chemise de couleur ; un caleçon de toile écrue, et des savattes, avec un grossier caban. Tel est l'accoutrement ordinaire de ceux qui exercent quelque métier ou profession manuelle.

Et cependant l'on compte parmi eux des ouvriers habiles, comme selliers, brodeurs, bijoutiers, plus, force cordonniers et barbiers.

Au contraire des hommes, les femmes mauresques, honnêtes ou non, portent toutes le même costume hors de chez elles et sont, en quelque sorte, masquées, de la tête aux pieds. Le HAÏK, longue pièce d'étoffe blanche, leur couvre la tête et le corps jusqu'à la ceinture ; un voile plus ou moins transparent, noué par derrière, cache le bas du visage, en sorte que de la femme, on ne voit que les yeux. De plus, un énorme pantalon de coton blanc descend jusqu'à la cheville.

Nus ou chaussés de bas blancs ou gris, les pieds sont enfermés dans des souliers larges, courts et ronds du bout ; mais si leur tenue de ville rend les mauresques semblables à de gros paquets de linge, leur toilette d'intérieur est aussi élégante que riche chez les femmes de la classe aisée, et surtout chez celles condamnées par la misère à l'exercice d'une profession qui ne se peut honnêtement désigner.

Quant à l'Arabe de la plaine, il porte toujours l'antique et souple vêtement des fils d'Ismaël. Les modes qu'il suit remontent au temps d'Abraham et des enfants de Jacob. Un caleçon de tissu grossier, une *gandoura*, longue blouse à manches très courtes, en laine ou coton, dessus un *haïk* en étoffe de Tunis. — soie et laine fine, — si l'homme est riche, — en laine grossière ou coton, s'il est pauvre. Enfin, sur le tout, un et même deux burnous en laine grossière, de teinte blanc sale ou brune.

Sur la tête rasée, une calotte rouge, bourrée de force chiffons, recouverte par le pan supérieur du *haïk*, serré autour de la tête par les nombreux tours d'une corde de poil de chameau, dont la nuance varie du blanc clair au noir d'ébène, suivant les localités.

Les Kabyles, hommes et femmes, sont absolument vêtus comme les Arabes, seulement les femmes ne se voilent pas le visage et portent une coiffure différente. Leurs cheveux sont enroulés en corde sur la tête. Une tunique de coton, à manches courtes, une ceinture de corde ou de cuir, des bracelets de corne et une pièce de coton dont elles s'enveloppent le haut du corps.

Quant aux hommes, *gandourah*, *haïk*, *caleçon* et *burnous* de laine ou coton, le tout blanc comme chez les Arabes, mais encore et aussi comme chez ceux-ci, d'un blanc sale.

Mulâtresses et négresses sont encore moins vêtues que les mauresques ; une tunique très courte en coton, un mouchoir sur la tête, pas de voile pour cacher leurs faces noires ou bistrées, un caleçon d'indienne, et par dessus une mleïa, grande mante à carreaux bleus et blancs en coton.

Le nègre ou négro se contente ordinairement d'une chemise et d'un caleçon ; parfois, il y ajoute une veste. Pour la tête, une mauvaise calotte et un mouchoir de couleur lui composent un turban dont il se montre fier. Mais, en général, il est susceptible sur le blanc de son costume, il lui faut du blanc non douteux, et les jours de fête, de la tête aux pieds, il est vêtu de laine ou coton d'une blancheur immaculée.

A Alger, les Kabyles exercent, en général, les professions de portefaix, d'aide-maçon, surtout de porteur d'eau. Pour exercer ces petits métiers et travailler aux champs dans le temps des récoltes, fenaison et moisson, ils descendent en nombre de leurs montagnes où ils retournent quand ils ont gagné un petit pécule.

Le Mozabite, qui vient des oasis du Sud, est ânier, baigneur, maçon. Son costume est une simple gandoura de laine blanche à petites raies noires. Quoique petit, il est robuste, trapu et surtout laborieux, et c'est parmi les gens de cette race musulmane, mais hérétique, que se trouvent de véritables artistes en fait de massage, qui vous pétrissent comme pâte au sortir de l'étuve qui constitue le bain maure (Turkish bath).

Mais on trouve encore, à Alger, un personnage, utile à certaines heures, en général insupportable, une sorte de lazzarone, qui se rencontre partout nuit et jour, c'est le *yaoulet*, à la lettre, — jeune garçon, — appartenant à quelqu'une des races qui forment le fonds commun où se recrutent les classes dégradées de la population algérienne. C'est, en réalité, le gamin indigène, le voyou, le gavroche de toutes les villes du littoral africain, — le Jean-fait-tout de celui qui le paye, décrotteur, commissionnaire, messager, allant, venant, courant, portant ; obséquieux, insolent, menteur, rapinard, malin, gai ou pleurard. Le *yaoulet* sert à tout, est bon à tout et encore à autre chose !

Enfin, après cet adolescent d'espèce spéciale, car le *yaoulet* est toujours jeune, vient le mendiant arabe qui, partout, obsède le passant ; le mendiant, déguenillé, dépenaillé, à peine vêtu de haillons crasseux, troués, bizarres, et toujours d'une saleté sordide qui semble fait pour montrer à l'œil de l'homme civilisé, à quel degré d'abjection peut tomber un être à figure humaine ; c'est là que les peintres réalistes peuvent trouver à foison des types au-dessous de ce que l'imagination des Callot et des Gaya a jamais pu rêver.

Chez les Israélites aussi, il y a des misères nombreuses, mais aussi une charité active vient à leur secours. L'aumône est, parmi les riches, un devoir dont aucun ne s'affranchit, et les malheureux sont indistinctement l'objet d'une générosité aussi louable qu'éclairée.

Sombre et négligé à dessein avant la conquête, le

costume des Juifs indigènes s'est depuis modifié sans avoir changé de forme et n'est plus toujours de couleur foncée, surtout chez les jeunes gens. D'ailleurs, presque tous ceux de la classe aisée ont pris l'habit européen, et quelques-uns même suivent les modes françaises qu'ils exagèrent. Beaucoup de jeunes filles israélites sont vêtues exactement comme des Parisiennes. Cependant la majorité a conservé la robe de brocard sans manches et le mouchoir de soie que portaient leurs aïeules au temps des Turcs.

En ce qui concerne leur régime alimentaire, Arabes ou Maures sont généralement d'une grande sobriété. Leur nourriture est simple, — des galettes de pain minces et croquantes, puis le *kouskous*, sortes de semoule de blé bouilli et plus ou moins assaisonné. Le *kouskous* reçoit tout espèce de condiment, poivre, safran, etc. ; on l'accommode à la graisse et aussi au miel ou au sucre. Tantôt il forme le plat principal du repas, tantôt il joue le rôle d'entremets dans les familles aisées seulement. Des fruits, du laitage à la campagne, du mouton bouilli ou rôti, et pour unique boisson, de l'eau. Aussi, chez eux, pas de ces voix enrouées qui sentent l'alcool; les femmes, en particulier, sont presques toutes douées d'un timbre de voix clair et argentin. Dans le nombre, on ne voit guère de dents gâtées, ni des bouches démeublées.

Par contre, dans la basse classe de la population indigène, qui n'a pris que les vices de notre civilisation, règne dans les vêtements et dans l'intérieur des misérables demeures où elle s'entasse, une malpropreté morale et physique qui dépasse tout ce qui se peut imaginer.

Au reste, quelques promenades à travers de la haute ville en apprendront plus sur ce point que dix volumes imprimés. Il faut donc laisser au curieux le soin de se diriger lui-même dans ses études sur les divers éléments qui composent la population indigène de la capitale de l'Algérie.

Maintenant, il s'agit de passer de l'intérieur à l'extérieur, et de tracer quelques itinéraires utiles à ceux qui veulent visiter les environs d'Alger et les localités les plus intéressantes de la province.

ENVIRONS D'ALGER

De tous les côtés, cette ville est entourée de villages et d'habitations de construction mauresque ou française. Aujourd'hui, cette dernière catégorie est beaucoup plus nombreuse que l'autre. La plupart des anciennes habitations tombées en ruines ont été remplacées par des maisons plus commodes et mieux appropriées aux habitudes de la vie européenne.

L'architecture arabe, en effet, ne pouvant convenir qu'aux Indigènes, Maures ou Israélites. Entièrement fermée au dehors, abritée contre la chaleur et les regards indiscrets par des murs épais, et ne prenant jour que par le haut de la cour intérieure, la maison de campagne (djenan) comme celle de la ville, était défendue contre les entreprises des voleurs ou les brutalités des nombreux aventuriers qu'attirait à Alger l'espoir de prendre part aux profits du brigandage maritime ou des commerces interlopes qui en vivaient.

Aujourd'hui, les *djenan*, comme les maisons ou *dar* de la vieille cité des pirates, ont fait place à des demeures bien moins défendues peut-être contre la chaleur, mais plus commodes ; quant aux malfaiteurs, on n'a guère à redouter de leur part que de menus vols sans violence, car, dans tout le périmètre de l'arrondissement d'Alger, la sécurité publique est aussi bien garantie que dans aucun canton de France ou d'Angleterre. Même pendant les plus violentes insurrections des Arabes, et, notamment, dans la dernière et la plus terrible — celle de 1871, le *Sahel*, soit la chaîne de collines qui domine la côte et dont la ville occupe une pente, la banlieue d'Alger n'a pas été menacée *un seul moment*.

Au nombre des promenades les plus agréables dans cette zone pittoresque, il en est une qui exige au plus une après-midi en voiture, en parcourant de 28 à 30 kilomètres — environ 17 miles anglais. C'est le VOYAGE D'ALGER A TIXERAÏM et retour par deux routes différentes.

Pour le faire le plus vite possible, en ne rien négligeant de ce qui est digne d'attention, il faut partir d'Alger par la rue Bab-Azoun, la place du Théâtre et la rue de Constantine jusqu'aux limites de la ville : chemin tracé plus haut : puis on continue de marcher dans le même sens entre la mer et les premières pentes du *Sahel* à travers l'Agha — partie inférieure de la commune de Mustapha ; — arrivé à la grande esplanade, dite Champ-de-Manœuvres, un léger détour à droite vous conduit sur la route de Kouba où vous rencontrez un quartier bâti où s'élèvent une foule d'élégantes *villas* entourées de beaux jardins ; plus loin à gauche et à droite les hameaux aussi bien peuplés de Bellecour et de l'orangerie et enfin le

JARDIN D'ESSAI

C'est le plus beau des jardins de l'Algérie et à coup sûr l'un des plus beaux et des plus variés du monde. Car les plantes, les arbres, les fleurs de toutes les contrées méridionales et de la zone tempérée semblent s'y être donné rendez-vous. C'est à la fois un jardin d'acclimatation, une pépinière utile et une promenade charmante.

Là, le bambou et le palmier croissent et prospèrent à côté du platane et du chêne. La poire et la pomme mûrissent sur la même terre que l'orange et le citron, Toutes les verdures et toutes les fleurs embaument l'air et charment les yeux.

En sortant du Jardin d'essai, on reprend la route de Kouba jusqu'au Ruisseau, puis, tournant à droite, on suit le chemin placé le long du ravin — dit de la *Femme sauvage*, — nom qui lui vient d'un débit placé au milieu et tenu, il y a près de 30 ans par une jeune femme qui, depuis, ne s'est pas montrée trop farouche. Au débouché de ce ravin, ou rencontre le village de Birmandreïs (en arabe, Puits du Capitaine), où l'on rejoint la grande route de Constantine ; de là au travers de terrains accidentés, couverts de cultures et semés de nombreuses habitations, on se dirige vers le bourg de Birkadem (Puits de la Négresse), où se trouve une fontaine en marbre, de style mauresque, la seule peut-être qui soit aussi bien conservée.

Après avoir dépassé les dernières maisons du village, en quittant la route pour s'engager à droite dans un chemin plus étroit, mais pourtant praticable aux voitures, qui passe devant le cimetière et fait retour du côté d'Alger, on se trouve devant une maison située à côté d'un grand pin, dont la silhouette se dessine à l'horizon, au-dessus du coteau ; à gauche, s'embranche un chemin où la voiture peut encore passer et qui ne tarde pas à conduire sous un aqueduc, où l'on est forcé de la laisser ; puis, en faisant quelques pas à droite, ou arrive à une fontaine de structure moins riche que celle de Birkadem, mais que fait valoir le pittoresque de sa situation.

Et tout près, au bout d'un sentier qui passe devant la fontaine à travers des cactus à raquettes (figuiers de Barbarie), l'observateur pourra voir, en cet endroit un spécimen complet et debout du village arabe : celui de Tixeraïm qui n'a été en rien changé depuis la conquête ; c'est un amas de gourbis environnés de cactus et d'aloès avec un *marabout*, petite rotonde à toit hémisphérique qui sert de mosquée aux habitants du lieu.

De là il faut revenir au chemin qu'on a quitté à la maison du Pin, et continuant à le suivre, voir en passant le Château-d'Hydra, construction mauresque bien conservée à l'intérieur ; du haut de la terrasse supérieure, une vue splendide sur la plaine et la montagne s'offre de toutes parts à l'œil des visiteurs. Puis par une coupée dans le roc, dite passage des Thermopyles, la route descend dans le ravin de *Birmandreïs* au-dessus du village et remonte, pour atteindre, au sommet du versant opposé, la Colonne *Voirol*, — bâtie en mémoire du général de ce nom et des troupes qui ont construit par ses ordres la route la plus directe d'Alger à la plaine. Un peu plus bas en redescendant vers la ville, il faut s'arrêter devant le panorama que présentent Alger et son port à gauche, au centre les villas et jardins de Mustapha et la rade, et enfin à droite, Hussein-Dey, le Jardin d'Essai et les montagnes qui ferment la plaine en s'abaissant jusqu'au cap Matifou.

Plus bas encore, à Mustapha-Supérieur, on contourne en descendant le riche et beau palais d'été du gouvernement, et la rentrée en ville se fait par la porte d'Isly.

Cette promenade qui, en voiture, n'exige guère qu'une après-midi, est l'une des plus agréables des environs d'Alger et se recommande fortement aux touristes, d'autant que l'existence du village indigène de Tixeraïm est absolument inconnu à la grande majorité des habitants européens d'Alger.

VISITE A STAOUÉLI

Pour voir les environs d'Alger du côté opposé à celui qui a été décrit, il ne faut guère plus de temps, en suivant l'itinéraire tracé ci-après et en se bornant à un examen rapide des localités parcourues. C'est un court voyage d'environ 40 kilomètres, soit à peu près 23 miles anglais.

Partant d'Alger par la porte Bab-el-Oued, situé au bout de l'esplanade où se trouve l'arsenal, on suit la route dite de Malakoff, qui longe la mer, en laissant de côté à gauche, les maisons et usines du faubourg Bab-el-Oued et le pied du mont Bouzaréa. Sur le contrefort le plus avancé de cette hauteur, se dressent les bâtiments du petit séminaire, l'église consacrée à Notre-Dame-d'Afrique et le couvent habité par les moines de l'ordre des Prémontrés. Puis la route passe entre le cimetière d'Alger, à gauche, et le fort dit des

Anglais à droite. C'est une vieille fortification bâtie par les Turcs sur les bords de la côte.

Vient ensuite, à moins de 3 kilomètres (1 mile et demi) d'Alger, le village de Saint-Eugène, agréable assemblage de jardins et villas, construites et habitées en général par des Européens que leurs affaires ou leurs travaux professionnels appelent chaque jour en ville.

La route se continue plus loin, sur des terrains placés entre la mer et les hauteurs escarpées du *Sahel* et qui se resserrent au point que le côté droit de la route se trouve, en quelque sorte, suspendu au-dessus d'une falaise presque droite, dont le bas est baigné par les flots. Puis on arrive à la Pointe-Pescade, amas de rochers qui s'avancent dans la mer et qui, au sommet de l'angle aigu qu'ils forment, est couronné des ruines d'un vieux fort Après avoir descendu et tourné dans un ravin, le chemin, moins accidenté, conduit au plateau du cap Caxine, phare de premier ordre, de construction élégante et solide.

Après le phare et à une courte distance, une masse de roches entassées surplombe sur la route ; dans le bas de ces roches, s'ouvre une *grotte* que les savants affirment avoir servi de demeure à l'homme primitif ; pour la visiter il faut demander la clef au débit situé devant le phare.

Du cap Caxine, toujours en suivant la côte à l'Ouest, la route conduit au village de Guyotville à 15 kilomètres — 8 miles et demi — d'Alger. A ce point elle tourne pour courir vers le Sud entre la mer et les riches cultures des trappistes jusqu'au village de Staouëli marine, d'où l'on aperçoit la presqu'île de Sidi-Ferruch, son fort de construction moderne, et la rade où débarquait l'armée française le 14 juin 1830 ;

de Staouêli un chemin qui s'embranche à gauche conduit au couvent de la Trappe entouré de terres closes et admirablement cultivées. L'étranger est toujours bien accueilli par les religieux qui en sont propriétaires.

Après avoir visité le couvent et ses dépendances, on revient par le beau village de Chéragas, où se cultivent sur de vastes espaces, des géraniums et fleurs de toute sorte qni se convertissent en parfums dont il se fait un commerce assez important ; puis en remontant, on traverse le village d'El-Biar dans toute sa longueur pour rentrer en ville, en passant sous le fort l'Empereur, par la porte dite du Sahel et la Casba.

Une autre excursion intéressante peut encore se faire en quelques heures seulement, pour visiter la partie la plus élevée du *Sahel* d'Alger, il faut alors partir de la place du théâtre et s'élever jusque vers la porte du *Sahel* en passant par la montée que décrivent la rue et ensuite la route Rovigo. Arrivé en haut sur la route qui passe sous la porte du Sahel, on tourne de ce côté, c'est-à-dire à droite. Puis après avoir suivi la route jusqu'au bout d'El-Biar, au lieu de la continuer vers Chéragas, on s'engage à droite dans un chemin très praticable aux voitures qui vous conduit au centre de la commune de Bouzaréa, perchée sur le flanc Sud de cette montagne, à quelques pas d'un hameau où se trouve l'église et la gendarmerie; le dôme blanc d'un petit marabout entouré de cactus et de lentisques vous indique le voisinage d'un village arabe habité par les restes d'une tribu à laquelle le Bouzaréa avait donné son nom.

Pour revenir à Alger, on descend par un chemin très accidenté à travers des ravins bien boisés, des gorges ombreuses, le tout semé de maisons blanches bâties à l'européenne et de constructions mauresques dont quelques-unes vastes et bien conservées ; et, après de nombreux détours, on tombe sur le chemin — dit des carrières, et l'on rentre en ville par le faubourg et la porte Bab-el-Oued.

De ce côté encore se trouve le Frais-Vallon qui, abrité contre le vent du Sud, mérite le nom que les Algériens lui ont donné.

Enfin, pour ceux qui voudraient faire une étude complète des environs d'Alger, il est une foule de localités pittoresques qui méritent d'être visitées, mais qu'il serait impossible d'indiquer sans sortir du cadre de cette notice.

Maintenant et sans nous arrêter, il faut conduire le touriste sur des points plus éloignés et lui offrir quelques notions utiles sur les itinéraires à suivre dans ses excursions en pays arabe ou kabyle.

EN KABYLIE — LE FORT NATIONAL

Pour se faire une idée exacte des mœurs de la race kabyles et des contrées montagneuses qu'elle habite, il n'est meilleur moyen que de pousser une pointe en plein cœur de la Kabylie, jusqu'au Fort-National — distance de 128 kilomètres — environ 72 miles dans l'Est d'Alger, en voiture particulière, ce qui est le meilleur véhicule — pour bien voir et s'arrêter à volonté ; cette excursion — aller et retour — exige au moins six jours.

Au départ d'Alger par Mustapha, en prenant la route qui longe le chemin de fer d'Alger à Oran, on passe par le village d'Hussein-Dey et l'on traverse le pont construit sur l'Harrach, l'un des cours d'eau les plus considérables de la province, pour arriver à un bourg situé sur la rive droite qui doit son nom de — la Maison-Carrée — à l'ancien bordj ou fort qui le domine, bâti au temps des Turcs.

Placé sur une hauteur presque à l'embouchure de l'Harrach dans la mer, ce bordj forme un carré de murs épais, derrière lesquels une garnison de janissaires surveillait le côté oriental de la plaine jusqu'au pied de l'Atlas.

Par une route tournant de gauche à droite, au sortir du bourg entièrement bâti à la française, on monte jusqu'à ce fort-caserne, aujourd'hui servant de prison centrale aux condamnés indigènes, et dont la porte se trouve au côté gauche de la route.

Au-delà, cette route continue tout droit en s'éloignant de la mer et laissant à gauche le village mahonnais du Fort-de-l'Eau, bâti au bord de la rade d'Alger et qui, par la richesse de ses cultures maraîchères mérite une visite spéciale ; on traverse les villages européens de Rouïba et la Réghaïa pour arriver à l'Alma, autre centre de population, situé à 37 kilomètres (21 miles et demi) d'Alger et là on s'arrête pour déjeûner. C'est jusqu'à cet endroit que l'insurrection kabyle a pénétré, en 1871, et a été repoussée avant de pouvoir aborder la plaine.

Après une heure ou deux de repos, on franchit le Boudouaou sur un pont de fer, en passant devant les bâtiments de la grande ferme de l'Oued-Corso, on monte au hameau de Bellefontaine et de là au Col des Beni-Aïcha, placé à 52 kilomètres (30 miles d'Alger), où l'on fera bien de coucher dans une des auberges qui s'y trouvent bâties.

D'ailleurs, il faut le répéter, dans cette partie de la province comme partout, la tranquillité est si bien rétablie, que l'européen, même isolé, peut y voyager en sécurité parfaite.

Du Col, on descend au caravansérail des Issers, à 13 kilomètres plus loin, et de là, en passant près de Bordj-Ménaïel, ou par une route peu accidentée, jusqu'au caravansérail de Azib-Zamoun, où s'embranche, à gauche, le chemin de Dellys. Après une halte en cet endroit, on reprend la route droit à l'Est, pour traverser la vallée du *Sébaou*, assez fort cours d'eau, qui se jette dans la mer près de Dellys, et l'on s'arrête, à la fin de cette journée, à Tizi-Ouzou, fort village situé au nord du Jurjura, à 101 kilomètres, environ 58 miles à l'est d'Alger.

A cet endroit les auberges ne manquent pas, il sera facile de se procurer un guide pour se faire conduire au village kabyle de Tizi-Ouzou et ceux qui se trouvent au-delà, sur la route de Fort-National. C'est là qu'il pourra saisir sur le vif les traits saillants de la vie et des mœurs de la population, berbère d'origine, qui habite cette région montagneuse.

Sorti de Tizi-Ouzou, le lendemain, au premier tournant de la route en zigzag qui monte au Fort, après avoir traversé un ruisseau qui porte le nom d'Oued-Aïri, on découvre un magnifique paysage, dont les pics du Jurjura forment le fond.

Arrivé au Fort d'assez bonne heure pour visiter les environs de cette place, consistant en un large terrain, environné de murs qui, armé et pourvu d'une garnison suffisante, assure la domination française dans le massif du Jurjura, centre de la grande Kabylie, le voyageur est forcé, pour en revenir, de prendre à rebours le chemin par où il est arrivé, car de tout autre côté, il n'existe pas de voie carrossable ; pourtant il peut, avant de dépasser Azib-Zamoun, faire un crochet à droite et aller jusqu'à Dellys, petit port de mer, situé à la pointe du cap Bengut à environ cent kilomètres d'Alger, mais cette course nécessiterait deux jours de plus. D'ailleurs, il est facile, en revenant, de s'arrêter à d'autres stations que celles désignées, pour examiner avec plus de détail les points intéressants du parcours entier.

PALESTRO. — LES PORTES-DE-FER

Un autre voyage plus long, mais qui offre peut-être un intérêt plus marqué, est celui qui, à travers la Kabylie méridionale, conduit aux Portes-de-Fer, par une route aujourd'hui terminée et qui peut se parcourir à cheval, en voiture particulière ou par la diligence, qui fait le courrier par terre d'Alger à Constantine. Pour le touriste qui veut non traverser en courant la Kabylie, mais en connaître un peu les sites remarquables et la population, le meilleur est de prendre une voiture particulière, ce qui lui permettra de s'arrêter à volonté.

Comme dans tout voyage en Algérie dans ces conditions, le touriste fera bien de réduire son bagage. Des vêtements légers en laine, des pardessus et couvertures, des chaussures solides, voilà l'indispensable ; — plus, les cantines ou popotes bien garnies de quelques provisions de bouches, faciles à renouveler, sucre, café et conserves, outre un petit baril de bon vin, suffiraient pour suppléer aux ressources par fois exiguës qu'il rencontrerait en route.

Ainsi muni de l'indispensable, pour entreprendre une course jusqu'aux Portes-de-Fer, c'est-à-dire de 200 kilomètres — soit environ 114 milles, pour y aller directement et un peu plus pour le retour par une voie différente. Il ne faut pourtant pas dépasser une moyenne de 60 kilomètres, ou 34 à 35 milles anglais, par journée de marche — en deux étapes — dont la plus longue doit être celle du matin, qu'il faut commencer au lever du jour, pour s'arrêter avant dix heures du matin.

Maintenant, voici l'itinéraire à suivre :

Départ d'Alger de bonne heure en suivant la même route que pour aller au Fort-National. Arrivée à dix heures du matin au Col des Beni-Aïcha où l'on s'arrêtera quelques heures pour laisser reposer les chevaux. Peut-être même, si l'attelage est vigoureux et si l'on est pourvu de provisions pour déjeuner, vaudrait-il mieux pousser plus loin. — Dans ce cas, descendre encore trois kilomètres — environ 2 milles — dans la vallée de l'Isser et sans franchir ce cours d'eau, prendre à droite une route qui en remonte la rive gauche en se dirigeant au Sud. De ce côté se rencontre bientôt un massif de vieux oliviers, au-dessus duquel s'élève un magnifique palmier. Cet endroit offre un site enchanteur, il s'y trouve un puits de bonne eau et un café maure tout près. Une halte un peu longue permettrait aux artistes d'en tirer de charmants croquis ; mais qu'on s'arrête là ou au Col, il est bon de donner aux chevaux un repos indispensable, et il faut en agir de même pendant tout le voyage, car souvent il est nécessaire de forcer les étapes comme dans cette première journée.

Un peu à droite s'élèvent les maisons du village qui a pris le nom de Souk-el-Had.

Peu après avoir dépassé cet endroit, la route commence à monter. Toujours en suivant la vallée de l'Isser et vers le 70ᵉ kilomètre, distance d'Alger, on aperçoit les gorges de Ben-Ini qui, par leur hauteur et leur position, se peuvent comparer aux gorges du Rhummel que domine Constantine

En avançant encore, la route se resserre entre des rochers qui, de chaque côté, s'élèvent ne laissant entre eux qu'un espace libre de 60 mètres au plus, au milieu duquel coule l'Isser, tantôt ruisseau, tantôt torrent, dont les flots battent à une grande hauteur les murailles de pierre qui les enferment de chaque côté. La route passe au pied de ces escarpements, qui la dominent d'une hauteur de 150 à 200 mètres, et dont les pointes s'avancent menaçantes au-dessus de la tête du voyageur. Ce passage n'a pas moins de 3 kilomètres, soit près de deux milles, et il n'est pas rare de voir au milieu des singes qui viennent boire à la rivière.

Enfin, la route finit par s'enfoncer dans un *tunnel* percé à travers la roche trop haute pour qu'on ait pu la couper par une tranchée à ciel ouvert. Mais avant d'y arriver, les curieux visiteront une grotte immense qui surplombe sur la route à droite et n'est visible qu'après l'avoir dépassée ; on y peut grimper par un sentier qui descend au-dessous, pour jouir du merveilleux coup d'œil que de ce point présente la gorge.

Arrivé à l'entrée du tunnel, si l'on regarde au-dessus, il est facile de distinguer des figures de toutes sortes taillées dans la pierre par les pluies descendant des terres supérieures ; on remarque surtout une tête d'éléphant dont la trompe semble se diriger en bas sur le spectateur.

De même, avant de sortir de cette voie souterraine,

il ne faut pas manquer de regarder la rivière qui coule au fond, bien au-dessous, pour voir sortir, tout au bas du rocher, une source qui forme des stalactites d'un merveilleux effet.

Enfin, quand la route est sortie du tunnel, avant comme après le pont des Beni-Hini qu'elle franchit, des sources nombreuses s'aperçoivent, qui jaillissent des flancs de la montagne et animent le paysage, et l'on entre dans le village européen de Palestro — distance d'Alger 79 kilomètres, — soit 45 milles anglais.

Complétement ruiné par l'insurrection de 1871, dont il est impossible de retracer les horreurs : meurtre, incendie, pillage, tous les maux d'une guerre barbare avaient passé sur ce malheureux pays. Mais, grâce à l'activité, au courage invincible de ses habitants trop éprouvés, Palestro est déjà relevé de ses ruines, ses maisons sont rebâties, ses pertes réparées, ses terres remises en culture. Il est plus peuplé, plus florissant qu'il n'était avant sa destruction.

Pour y passer la nuit, le voyageur trouve à choisir entre les divers hôtels qui s'y trouvent ; puis, après s'être bien reposé, il reprendra la route qui se dirige en ligne droite sur le massif du Jurjura, dont les pics se distinguent d'Alger quand on regarde l'horizon vers l'Orient.

2° journée. — En sortant de Palestro de bon matin, reprendre la route toujours très bonne — faire halte à l'Oued Djemâa, au caravansérail où, comme dans tous les autres, on trouve vivres et coucher au besoin. Au delà, après une montée de 6 kilomètres, soit 4 milles, on côtoie une forêt qui s'étend jusque près de Bouïra et qui est fréquentée par des lions. C'est le seul endroit de la province d'Alger où il s'en trouve encore. Parvenu à Bordj-Bouïra, à distance d'Alger de 125 kilomètres — 77 milles, — on n'est plus éloigné du Jurjura que de 7 kilomètres, soit 4 milles, et il faut passer la nuit en cet endroit.

3ᵉ journée. — Le lendemain, s'arrêter si l'on veut à Aïn-el-Smaan (Sources des Ruines), où est établi un caravansérail, ou bien pousser jusqu'à Adjiba. Sur ce point, l'entreprise Molot, qui s'était chargée de la construction de la route, a construit plusieurs maisons dans le voisinage d'un village kabyle. Après quelques heures de repos, continuer la route qui contourne le Jurjura dont elle n'est séparée que par un cours d'eau, dit *Oued Sahel*. Puis elle traverse un beau bois d'oliviers au bout duquel on rencontre le gros village kabyle de Taourit. Enfin, après avoir fait 3 kilomètres de plus, on arrive à Beni-Mansour, — caravansérail où l'on s'arrête pour passer la nuit.

4ᵉ journée. — De Beni-Mansour aux Portes-de-Fer, la distance n'est que de 23 kilomètres — 13 milles; — mais, avant de partir, il faut se pourvoir de provisions et même d'eau potable, car on n'en saurait trouver nulle part, ni sur le chemin ni au terme de cette dernière étape. On fera bien aussi de se faire accompagner d'un guide et l'on n'aura qu'à choisir entre les indigènes qui offrent leurs services aux voyageurs. Mais il ne faut pas manquer de fixer le prix du service qu'il vous rendra.

En quittant Beni-Mansour, on trouve à *Azzrou Kollal* (Ciel bleu), le camp des ouvriers qui ont travaillé à la route, puis les Trois-Palmiers, et l'on arrive enfin, sans quitter la voiture, à la *grande porte* d'ouverture assez large. A travers ce passage, la route continue et on la suit pour, au bout d'un kilomètre, visiter les sources d'eaux chaudes et sulfureuses qui sortent d'un amas de laves volcaniques refroidies, car de ce côté probablement s'ouvrait un cratère depuis longtemps éteint.

Pour visiter, ce qu'on appelle les petites portes qui offrent le plus d'intérêt, il faut revenir sur ses pas, jusqu'au camp des Palmiers et de là remonter à pied le lit du cours d'eau, dit *Rivière salée*, pendant trois kilomètres —1 mille et demi. Alors on voit se dresser comme une muraille droite escarpée de rochers qui n'a pas moins de 250 à 300 mètres de hauteur, qui se succèdent séparés par des intervalles de 15 à 30 mètres de parties marneuses. Ce sont des couches alternées de calcaire et de marne qui primitivement horizontales ont été redressées en bloc par une violente éruption et s'appuient à des crêtes qu'elles coupent en ressauts infranchissables et offrant à leurs cîmes l'aspect de créneaux à pic. Mais aucune description ne saurait donner une idée exacte des passages étroits ou, pour mieux dire, des fissures creusées par les eaux au travers des anfractuosités par où il faut passer pour franchir les *petites portes*, au nombre de quatre, qui traversent à ce point la chaîne abrupte des Bibans. La dernière s'ouvre sur un pays admirable où des vallées pittoresques, des montagnes couvertes de pins, de mélèzes, d'oliviers, de grenadiers de plus de cinquante pieds de haut, rappellent les plus beaux aspects des Pyrénées et des Alpes.

5me et 6me journées. — Au retour il faut reprendre la même route, s'arrêter chaque soir pour coucher à Beni-Mansour et Bordj-Bouïra. Puis, de ce point, partir le septième jour et prendre une route qui tourne à gauche vers le sud et, au bout d'environ 36 kilomètres qui se peuvent faire d'une seule traite, on quitte la Kabylie pour passer en pays arabe et arriver à Aumale, centre de population important, situé entre la plaine des Arib et le pied du grand Atlas.

Dans cette ville se retrouvent toutes les ressources de la civilisation, et après y avoir couché, on revient aisément en deux jours à Alger, à travers un pays accidenté et en suivant les crêtes du petit Atlas, par Bir-Rabalou et Tablat, pour descendre dans la plaine de la Mitidja où l'on s'arrête à l'Arba, de là par la Maison-Carrée on rentre à Alger le soir de la neuvième journée.

EXCURSION A L'EST DE LA PROVINCE

Boufarik, Blida, Médéa, Coléa

De ce côté, les voyages sont encore plus faciles, car l'on peut à son gré se servir du chemin de fer, des diligences et voitures publiques ou particulières. Mais pour bien étudier le pays, en s'arrêtant à son gré, la calèche à la journée est de beaucoup préférable.

Pour ceux qui veulent voir beaucoup et vite, voici le meilleur itinéraire.

— Partir d'Alger, le lundi, et de bon matin, par la route Rovigo pour traverser El-Biar dans sa longueur, puis, au bout de ce village, laissant de côté à droite la route de Chéragas, prendre à gauche celle de Dély-Ibrahim, bourg peuplé de colons originaires d'Allemagne et presque tous luthériens. Passer ensuite par Douéra, petite ville construite sur le plateau supérieur des collines formant le *Sahel* d'Alger, à 24 kilomètres ou 14 milles de notre capitale.

De là, un chemin accidenté descend dans la plaine au bourg des Quatre-Chemins, ainsi nommé des deux voies qui s'y croisent et s'y divisent. Celui qui court à gauche, à partir de là, conduit droit à Boufarik, bourg ou ville pittoresque et peuplée, qui s'étend sur de larges espaces, couverts de jardins, et se termine au Nord, du côté de la montage, par une gare du chemin de fer d'Alger à Oran.

Situé au centre de la plaine, relié à tous les points de la contrée la plus fertile et la mieux cultivée du pays par des voies de communication faciles, Boufarik est devenu le marché le plus considérable du département d'Alger et peut-être de l'Algérie.

Chevaux, bestiaux, denrées y affluent le lundi de chaque semaine. Européens et Indigènes, Kabyles et Arabes s'y rendent pour vendre et pour acheter. Un caravansérail ou siégent, d'un côté le juge de paix, de l'autre le cadi musulman pour statuer sur les contestations qui s'élèvent, est placé à peu près au centre d'un vaste terrain longeant la route de Boufarik à Blida.

C'est chose vraiment curieuse de voir une foule affairée où se mêlent et se confondent, rapprochés par leurs intérêts et leurs besoins, les éléments divers de la population algérienne. Tous sont là réunis, pour vendre, acheter, trafiquer, exercer mille métiers divers. Des abris couverts en toile décrivant une double ligne dans la partie la plus proche de la ville, servent de magasins aux colporteurs israélites, qui débitent des tisssus de toutes sortes et de vêtements confectionnés. Les indigènes vendent des fruits. Les maréchaux, pourvus de forges portatives des plus simples, ferrent les chevaux et aussi les bœufs. C'est partout un mouvement perpétuel qui ne cesse qu'à la clôture. Alors les tables des hôtels se garnissent de joyeux convives, et les hôtels sont en nombre à Boufarik ;

parmi eux se remarque l'hôtel Mazagran qui s'enorgueillit d'une enseigne peinte par un grand peintre contemporain. Dans un séjour qu'il fit à Boufarik, il y a plus de 20 ans, Horace Vernet, le peintre voyageur, paya de son pinceau l'excellente chère qu'il avait faite dans cette maison, alors tenue par un vrai cordon bleu.

Boufarik étant à 36 kilomètres d'Alger et seulement à 12 de Blida, il ne faut guère plus d'une heure pour se rendre dans cette dernière ville dénommée par les indigènes : la ville des orangers, et qui mérite vraiment ce nom, car elle est environnée de jardins consacrés à la culture de ces arbres couverts de fruits dorés. Les oranges et les mandarines (oranges plus petites) de Blida et de ses environs jouissent aujourd'hui d'une réputation européenne. Plus d'un touriste anglais en a expédié à ses amis du Royaume-Uni.

Posée sur les premières pentes du versant de l'Atlas qui s'incline sur la plaine de la Mitidja, Blida la domine d'assez haut pour que de plusieurs points l'œil embrasse le pays plat qui s'étend jusqu'au *Sahel* d'Alger dont les collines lui dérobent la vue de la mer. Tout cet espace est peuplé de fermes, de maisons entourées d'arbres dont la verdure ressort sur les champs couverts de cultures variées et forment autant d'oasis de teinte plus sombre. Les eaux de plusieurs ruisseaux qui descendent en cascades de la montagne sur laquelle la ville s'appuie, arrosent de tous côtés la ville et lui donnent, même en été, une fraîcheur rare partout ailleurs dans la chaude saison. Les hôtels et cafés y sont nombreux et bien tenus. A un kilomètre en dehors de sa porte principale, dite Bab-el-Sept, s'élève la gare du chemin de fer.

C'est par cette porte qu'il faut sortir pour reprendre, à gauche, la route à peu près parallèle au chemin de fer. A six kilomètres, à l'ouest, on arrive sur les bords de la Chiffa : rivière ou plutôt torrent sur lequel est jeté un pont à piles en pierre et charpente en fer. Après ce pont, s'embranche sur la route, à gauche, une voie bien tracée et entretenue, qui fait retour au sud vers la montagne et pénètre au travers de gorges étroites creusées dans son épais massif par les eaux. Il n'est touriste ou curieux qui ne se fasse un devoir de traverser ces gorges sur le chemin droit et sinueux taillé aux flancs des rochers et comme suspendu entre les rocs supérieurs et le précipice où coule le torrent, tantôt écumeux et rugissant, tantôt ruisseau à peine perceptible. A peu près au milieu de cet étroit passage se rencontre, dans une situation pittoresque, une auberge où l'on déjeune entre les cascades en miniatures, d'un rivelet tombant du haut d'un mamelon couvert d'arbustes et broussailles vertes et baptisé du nom de Ruisseau des Singes, parce qu'on aperçoit souvent nombre de ces animaux sur les pentes escarpées d'où il descend.

Après avoir débouché de la gorge, la route passe près de la roche *pourrie* composée d'un schiste mou et spongieux dont le poids des eaux, qui le pénètrent dans la saison des pluies, détache souvent d'assez fortes masses De là, on entre dans une contrée coupée de collines et de vallons couverts de cultures et de plantations, et par une montée assez douce, on parvient à Médéa, ancienne capitale du beylick de Titery — Etat feudataire de la régence d'Alger avant l'occupation française. Depuis, elle a conservé une certaine importance. Toujours pourvue d'une garnison nombreuse, placée sur une hauteur élevée, à 90 kilom., — 50 milles d'Alger — Médéa est le dernier centre de population du *Tell*, c'est-à-dire des terres complétement soumises et propres à la culture.

Il est possible d'aller beaucoup plus loin dans le Sud sans courir aucun danger, de pénétrer jusqu'à Boghar et même à Laghouat, situé à 400 kilom. — 228 milles de la mer ; mais il n'en faudrait pas moins s'exposer à des fatigues et des difficultés que tous les voyageurs ne sont pas disposés à subir : d'ailleurs, le résultat d'une course pénible pour beaucoup serait souvent au-dessous de ce qu'elle semble promettre.

Si l'on ne dépasse pas Médéa, il est nécessaire de revenir par le même chemin jusqu'à Blida, d'où, pour voir l'autre côté de la plaine et du Sahel d'Alger, on peut se diriger par une bonne route sur Coléa, qu'Arabes et Maures appellent encore la ville sainte. De ce côté, on passe d'abord par Oued-el-Alleug, groupe d'exploitations rurales considérables, puis on franchit sur un pont le Mazafran, rivière formée par la réunion des eaux de la *Chiffa* à celles de plusieurs ruisseaux ou torrents et par une montée tournante on arrive à Coléa, petite ville où se mêlent les constructions européennes ou mauresques, on y remarque le Jardin des Zouaves — qui occupe les deux côtés d'un ravin — autrefois stérile et transformé par le travail des soldats de ce corps d'élite en délicieux bosquets pleins de fleurs et de fruits. Les orangers sont là d'une hauteur presque inconnue ailleurs.

Puis par un chemin qui descend vers la mer, on voit en passant le village de Douaouda, et traversant une seconde fois le Mazafran près de son embouchure dans la mer, on arrive à Zéralda, autre village européen d'où, par Staouéli et Chéragas, on rentre à Alger en suivant le tracé de la 2ᵉ excursion des environs de cette ville.

TENIET EL-HAAD

Le touriste, qui ne reculera pas devant un voyage de quelques jours, devra aller visiter la forêt des cèdres de Teniet. Ce voyage et d'ailleurs facile et peu coûteux — on prend le chemin de fer jusqu'à Affreville, où l'on s'arrête à 11 heures. — Le déjeuner, est servi au buffet et, après avoir réparé ses forces, on monte en diligence pour Téniet, où on arrive pour dîner.

La route traverse d'abord la plaine du Chélif, qui présente au voyageur un aspect plus vaste et plus africain que la plaine de la Mitidja.

Puis on entre dans des gorges qui se prolongent jusqu'à Téniet. La scène varie à chaque pas, les paysages les plus grandioses s'offrent à la vue : tantôt ce sont d'immenses solitudes ravinées et couvertes de futaies ; tantôt la montagne se resserre et le site devient encore plus sauvage ; c'était autrefois le paradis des fauves redoutables ; aujourd'hui, si l'on excepte les sangliers et les chacals, presque tous ces hôtes ont disparu et la route est aussi sûre qu'un grand boulevard, au milieu d'une cité populeuse ; ce qui n'empêche que l'on peut se croire transporté dans les pays les plus inexplorés, tant la nature s'y développe à l'aise et sans qu'aucune contrainte humaine ne vienne s'opposer à ses caprices.

Teniet est un village que l'on aura bientôt parcouru ; on y trouvera cependant des hôtels convenables et le lendemain matin, dispos, on partira pour l'excursion de la Forêt.

On peut s'y rendre à mulet ou même en voiture, quoique le chemin ne soit pas précisément une route nationale ; nous conseillons toutefois de choisir le mulet, qui offre plus de sécurité dans les mauvais pas. Il faut environ deux heures pour arriver au rond point situé au milieu de forêt et où s'élève la maison forestière.

Là s'élancent vers le ciel les plus beaux cèdres, vastes géants aux bras immenses. Quelques-uns, mutilés par la vieillesse et les tempêtes, dont ils subissent souvent les assauts dans ces hautes régions, ne présentent plus qu'une charpente décharnée, mais dont les gigantesques proportions ont une majesté grandiose. D'autres, plus jeunes ou plus robustes, ont conservé toute leur parure et, pareils à un temple magnifique soutenu par une immense colonne, étendent au loin leurs superbes rameaux.

Les forêts du Liban, aujourd'hui dénudées et ravagées, sont moins belles que celle de Téniet ; allez-y et vous ne regretterez ni votre temps ni votre peine ; vous y verrez des arbres qui ont 10 mètres de circonférence et de 20 à 30 mètres de hauteur. Et surtout ne manquez pas, lorsque vous serez au rond point, d'aller contempler l'Ouarensenis. Après un quart d'heure d'ascension vous découvrirez tout à coup la plus belle vue qui se puisse imaginer. Rien n'arrêtera vos regards que l'espace et l'immensité ; vous verrez s'étendre à vos pieds de gradins en gradins une série de montagnes, parmi lesquelles se dresse orgueilleusement jusqu'au ciel le pic de l'Ouarensenis (l'Œil du Monde) ; ce ne sont que géants autour de vous, arbres et montagnes ; mais celle-ci les domine toutes ; aussi les Arabes, dans le style imagé de l'Orient, l'ont-ils appelée l'Œil du Monde, parce qu'ils prétendent que du haut de ses sommets on voit l'univers entier.

A TLEMCEN

Pour terminer une excursion en Algérie, le touriste curieux de se faire une idée des merveilles de l'architecture arabe au temps de la puissance musulmane, devra faire une visite de quelques jours à Tlemcen, cité jadis royale et qui fut la capitale d'une dynastie qui régnait au XIIIe siècle sur une grande partie de l'Algérie.

Bien que déchue aujourd'hui et devenue chef-lieu d'un arrondissement du département d'Oran, la ville de Tlemcen conserve encore des restes intéressants de sa grandeur passée, et marque à l'ouest la limite des possessions françaises du nord de l'Afrique.

Pour la visiter d'une façon rapide et commode, il faut partir d'Oran, soit en voiture particulière qui conduira le voyageur à destination en passant par Aïn-Temouchent où il s'arrêtera pour passer la nuit, et le second jour il pourra coucher à Tlemcen.

Par la diligence, le trajet dure seize heures ; il en part plusieurs chaque jour à des heures diverses ; et une fois arrivé, on trouvera dans la ville hôtels convenables, chevaux et voitures à volonté pour se rendre dans les villages ou faubourgs, restes des quartiers séparés qui divisaient autrefois en quatre parties la cité musulmane.

Célèbre autrefois par la grandeur de ses établissements publics et la richesse de ses habitants, Tlemcen est bâtie en pente au pied de montagnes d'où tombent en cascade plusieurs ruisseaux.

Chacun des villages, ou plutôt des anciens quartiers qui l'entourent, a conservé quelque reste de son ancienne prospérité. Parmi les plus remarquables, se trouve, à environ 2 kilomètres, la mosquée de Sidi bou Meddine qui se doit placer au premier rang. Construite vers la fin du XIIe siècle, elle rappelle, par ses mosaïques et ses sculptures, le style ornementé de l'Alhambra de Grenade. Le tombeau de Bou Medline qui en décore l'entrée est le but d'un pèlerinage pour les pieux sectateurs de l'islam.

En dehors de la ville et après avoir traversé le village Nègre, la mosquée de Sidi Alouis, qui date de la même époque, frappe le regard du visiteur. L'architecture de sa porte, ses plafonds et ses pilliers en marbre onyx la rendent digne d'un examen détaillé.

A l'ouest et à 3 kilomètres, on remarque l'enceinte de Mansoura, ville ou plutôt annexe de Tlemcen ; il n'en reste plus rien que la moitié d'un minaret encore debout.

Un bois, aujourd'hui décoré du nom de Bois de Boulogne, beau massif de vieux oliviers et de térébinthes ou bois de fer, sert de chemin pour revenir au cœur de Tlemcen. Sa verdure ombrage les tombes des anciens souverains du pays et le marabout de Sidi Yacoub. La porte de Tlemcen, Bab-el-Kermadi, est aussi à voir en dehors de la ville qui renferme encore d'autres sujets non moins intéressants, notamment des mosquées en nombre, la Medrassa, la porte du Théâtre, les grands bassins. Les métiers indigènes qu'y excercent de nombreux ouvriers, les fabriques de couvertures et d'orfèvrerie qui ont conservé leurs procédés primitifs méritent aussi l'attention de l'observateur.

En un mot, un voyage à Tlemcen doit être la dernière étape du touriste qui veut se faire une idée exacte de ce que fut en ses beaux jours la civilisation des sectateurs du Prophète.

Il est encore beaucoup d'autres localités intéressantes à divers points de vue qui se peuvent visiter, soit en se détournant quelque peu des itinéraires détaillés plus haut, soit en les prenant pour but d'une course spéciale ; ainsi, à l'Est et au Sud, en suivant le pied de l'Atlas, se trouvent les bourgs ou villages du Fondouck, de Rovigo, et plus loin de Souma près de Boufarik, de Mouzaïa après Blida et plus loin la ville de Miliana, perchée entre deux cascades sur un contrefort du Zaccar d'où la vue embrasse une bonne partie de la vallée du *Chélif*, le plus long des cours d'eau de l'Algérie, et enfin, la ville et le port de *Cherchel*, capitale de la Mauritanie au temps des Romains où elle portait le nom de *Julia Cæsarœ*. C'est là que se trouvent les débris les mieux conservés de la sculpture et de l'architecture antiques.

Mais ce serait sortir du cadre que s'est tracé l'auteur de ce modeste écrit, que d'entrer dans plus de détails. Sa tâche doit s'arrêter ici et son but sera atteint, s'il peut être utile à ses lecteurs en leur épargnant quelque fatigue et quelque contre-temps.

Pour compléter les indications que nous venons de donner sur Tlemcen, nous ne saurions mieux faire que de reproduire ici la relation du voyage qu'y fit l'année dernière le comte de Paris. Cette relation sera fort utile aux touristes; tout ce qu'il y a de curieux et d'intéressant à visiter à Tlemcen, y est indiqué.

M. LE COMTE DE PARIS A TLEMCEN

M. le comte de Paris est arrivé à Tlemcen, dimanche matin, 18 février, par les messageries Corre. Il était accompagné de la comtesse, de M. le comte de

Mérode, de M. le comte et la comtesse de Montalivet. Ils ont été reçus par M. le colonel du 2ᵉ chasseurs d'Afrique, commandant par intérim la subdivision, et sont descendus à l'Hôtel de France.

Aussitôt leur arrivée, les nobles visiteurs, auxquels on donnait les titres de Monseigneur et madame la Princesse, se sont mis à parcourir la ville et les environs.

D'abord la caserne de cavalerie de la porte de Fez, belle et immense construction du prix de cinq millions, malheureusement copiée sur les casernes de France. — A droite, le marabout Sidi Mama ben Alia. — Dehors la porte, sur la route du Mansourah, le jardin du génie et le Seridj, grand bassin de trois hectares. — Le marabout Sidi Boudjema. — La porte Bab el Khemis, qui représente assez un arc-de-triomphe. — L'enceinte du Mansourah avec ses tours carrées, mur épais en pisé qui enveloppe cent hectares. — Les ruines de la grande mosquée, dont le minaret, coupé par moitié du sommet à la base, est en ce moment en réparation; sur la face intérieure s'élève un échafaudage de quatorze étages. — Enfin, le marabout de Lalla Setti, cette nouvelle sainte Geneviève qui a sauvé Tlemcen assiégée par les Marocains.

Après déjeuner, visite à la mosquée et au tombeau de Sidi Bou-Médine. — Le Bois de Boulogne et ses nombreux marabouts. — L'eau de la Source sacrée dans les ruines du tombeau du roi, eau de Lourdes, mais gratuite, aucun étranger ne passe là sans boire de cette eau délicieuse. — Etonnement à la vue des femmes Arabes, voilées comme des fantômes, assises et priant devant la porte du marabout consacré à la fécondité des femmes. — Même surprise en voyant le marabout de Saint-Joseph (Sidi Yacoub). — Le minaret d'Agadir. — La mosquée de Sidi Daoudi. — Les jolies villas Guès et Lespinats. — Au retour, séance des Aïssaouas, chez M. le Secrétaire de la Sous-Préfecture, Sous-Préfet par intérim, et danse des fausses vierges.

Le lendemain a eu lieu la visite en ville. — *La grande Mosquée*, vaste et lourd bâtiment qui mesure 50 mètres de long sur 20 de large; treize travées dans la longueur et six dans la largeur forment des arceaux en ogives supportées par soixante-douze piliers carrés ; le M'hrab, avec sa coupole à jour, est comparé à celui de Cordoue et de l'Alhambra ; un lustre en bois de cèdre mesure deux mètres de diamètre et est supporté par une énorme chaîne en bronze; la cour est dallée en marbre translucide pris à la mosquée du Mansourah. Sa fontaine et ses vasques en marbre blanc, les piscines, le minaret, font tomber les visiteurs d'étonnement en étonnement.

En face se trouve l'hospice des incurables et son marabout, son puits sacré : là, grouillent des hommes, des femmes en haillons, aveugles, boiteux, estropiés, et près d'eux, de pauvres petits enfants, charmants parfois. La comtesse laisse là une aumônerie bien placée.

La rue des Orfèvres, « la pauvre rue des Orfèvres, avec ses échoppes branlantes et sa jolie petite mosquée de Sidi-Lhassen, » dit M. E. de Lorral, dans sa relation. Rien de si beau que cette mosquée, la seule de Tlemcen, avec Sidi-Bou-Médine, qui soit classée comme monument historique. On regarde ici comme sauvage et ignorant, le touriste qui ne visite pas ce charmant reste de l'architecture maure, son M'rab, ses fresques, son plafond en bois de cèdre, son minaret avec ses colonnades et ses mosaïques. « Rien de plus beau, de plus riche que les sculptures qui ornent les parois de la mosquée, » dit M. Piesse, et il dit vrai.

La Poterie souterraine de Tafrata, près de la Gendarmerie, exploitée par une corporation originaire du Maroc ; on y fabrique des amphores, des jarres, des tasses, des coupes élégantes, des pots de fleurs. Les potiers sont de la même famille, ils gardent ce qu'ils croient, leur secret de fabrication, et cessent tout travail devant les étrangers. Combien marchent sur les vastes salles de cette fabrique, recouvertes d'un champ d'orge, sans se douter de son existence.

Le Musée, qui occupe une immense et magnifique salle de la Mairie ; là sont rangés, les pierres tumulaires des rois et des cadis de Tlemcen, des colonnes de marbre de la mosquée du Mansourah, des chapiteaux de marbre du Palais des rois, des colonnes sculptées, des vasques, des arabesques, des boulets de pierre employés au siège de Tlemcen, la coudée royale qui a servi autrefois de mesure aux roumis et pour laquelle un musée anglais a offert 10,000 fr. ; des arabesques, des inscriptions latines, entre autres, une en poudingue trouvée dans le lit de la Tafna à Marnia, des mosaïques du dallage de la Medersa, un bloc carré avec mosaïque sur chaque face ; la belle mosaïque de la porte d'entrée du Divan, qui vient d'être enlevée et placée dans un cadre, par le ministère des Beaux-Arts, l'enlèvement seul a coûté 1,000 fr. ; la noria ; la pierre tumulaire d'Abou Abhhil, le dernier roi de Grenade, que les historiens ont, à tort, fait mourir au Maroc ; le canon en fer forgé, se chargeant par la culasse et rayé, trouvé en 1850, dans les fouilles d'une maison arabe en démolition. Mais ce qui a le plus frappé la princesse, c'est l'épitaphe en beaux vers arabes, d'une jeune princesse fille de roi, gravée sur une magnifique plaque de marbre.

La Bibliothèque municipale, qui contient 2,200 volumes de premier choix ; toutes les cartes anciennes et modernes de l'Afrique ; un album des monuments anciens du Mexique, un album des vues de Tlemcen. Le comte a plus particulièrement remarqué, « Victoires et conquêtes, désastres, revers et guerres civiles des Français, de 1792 à 1815, » ouvrage précieux et rare, édité secrètement en 1817, sous la Restauration, par des officiers généraux du premier Empire ; aucun ouvrage ne décrit mieux les guerres d'Espagne. Le prince a promis un ouvrage à cette bibliothèque, entretenue par la municipalité et mise gratuitement à la disposition du public civil et militaire.

La grande Synagogue, une des plus belles de l'Algérie ; l'Eglise catholique avec sa vasque en serpentine, trouvée dans les ruines de la mosquée de Mansourah ; le théâtre, édifié par M. le général Chanzy ; les admirables tableaux de la Loge maçonnique.

Mille autres choses enfin, que les touristes conduits par les militaires ne voient ordinairement pas, parce qu'ils les ignorent eux-mêmes.

Une visite aux Cascades, aux Grottes, et une diffa à Aïn-El-Houtz ont terminé cette intéressante excursion.

LE CHABET EL-AKRA ET BISKRA

Il est encore deux excursions que je dois signaler.

D'abord celle de Chabet El-Akra (le ravin de la mort). — Que l'on se rassure, il n'y a pas danger de mort à aller visiter ce lieu terrible, le voyage est facile.

On se rendra à Bougie soit par terre, soit par mer, et là on trouvera une voiture qui fait le service de Sétif et qui traverse le Chabet dans toute son étendue ; à environ 50 kilomètres de Bougie, on sera dans l'endroit le plus beau de tout le parcours.

Ce sont des gorges immenses, avec un torrent qui se précipite au fond, à travers les roches amoncelées par les siècles. Dans certaines parties, l'aspect est tellement farouche et désolé qu'il a fait donner à ce ravin son nom lugubre.

Les montagnes qui s'élèvent de chaque côté, atteignent de grandes hauteurs et parfois se rapprochent tellement qu'il semble qu'elles vont se toucher ; on n'aperçoit plus au-dessus de sa tête qu'une bande de ciel qui vous rappelle à l'espérance et vous ôte toute crainte de rester au fond de cet enfer. Le lyrisme le plus échevelé ne suffirait pas pour rendre la poésie sauvage du Chabet-El-Akra. Visitez-le et vous en garderez toujours le souvenir.

L'autre excursion que je vous conseille aussi, dans la province de Constantine, est celle de Biskra. Un service de diligences vous y conduit de Constantine même et vous mène aussi sans fatigue dans le désert, au milieu d'une oasis. Vous passerez par Batna et El-Kantara. Cette dernière est une petite ville située au pied du versant sud de l'Attas, sur la rivière dont elle porte le nom. L'Oued Kantara s'est frayé, dans les montagnes escarpées qui entourent la ville, un passage juste assez large pour l'écoulement de ses eaux. Ces rochers déchirés semblent être l'ouverture d'une porte qui donne accès dans un autre pays. Derrière vous laissez les montagnes et la neige, devant vous apercevez les palmiers et une contrée nouvelle ; c'est tout d'un coup le printemps et sa tiède haleine, là-bas c'était l'hiver et ses rigueurs.

Vous arrivez enfin à Biskra, située sur le versant sud de l'Aurès, à l'entrée du grand désert, capitale de l'oasis des Zibans.

Le cours de l'Oued Kantara qui baigne le pied de la ville est tellement sinueux, que les belles eaux de cette rivière arrosent toutes les parties de cette oasis, où s'élèvent plus de 100,000 palmiers et autant d'oliviers. Beaucoup de ces palmiers atteignent une hauteur de 30 mètres et produisent une immense quantité de dattes, dont une partie est expédiée en Europe, et l'autre consommée sur les lieux. Non-seulement ce fruit sert de nourriture aux hommes, mais les chevaux des Arabes et les chiens même en sont très-friands ; ils les mangent avec beaucoup d'adresse et en rejettent avec soin les noyaux.

Les environs de la ville sont délicieux ; on peut se promener pendant plus de 3 heures toujours à l'ombre des palmiers. A 20 kilomètres sud de Biskra se trouve la ville sainte de Sid-Okba, le conquérant arabe de l'Afrique, dont le tombeau, renfermé dans une belle mosquée, est l'objet de la vénération des indigènes. Le marabout dans lequel repose Sid Okba est recouvert d'un drap de soie verte portant un grand nombre d'inscriptions brodées en soie blanche.

En allant à Biskra, vous connaîtrez le Sahara et

ses oasis ; vous verrez un peuple nouveau pour vous, des coutumes inconnues, une autre végétation et les femmes des Ouled Naïl, réputées pour la facilité de leurs mœurs, mais généralement belles. Elles sont vêtues de costumes aux couleurs éclatantes, parées de bijoux somptueux et bizarres, enfantés par la sauvagerie et la richesse de l'Orient.

LES PRISONNIERS TOUAREGS A ALGER

Pendant quelques jours, on a remarqué, se promenant gravement dans les rues d'Alger, précédés d'un spahi et suivis par une foule d'enfants appartenant à toutes les nationalités, cinq Touaregs en costume national ; le voile noir, qui dans le désert est destiné à les abriter du sable, remonté jusqu'au-dessus de la bouche : on n'aperçoit donc que le haut du visage de ces hommes tous de haute taille, bien proportionnés et paraissant doués d'une vigoureuse constitution et d'une rare énergie, même le plus âgé, sans doute un chef ; la chaussure de ce dernier est des plus remarquables ; elle se compose de véritables cothurnes antiques, ne tenant au pied que par la lanière de cuir passée autour du pouce. Ces Touaregs qui avaient été faits prisonniers par des habitants du Mzab dans des circonstances que nous allons raconter, attendaient qu'il eût été statué sur leur sort ; ils avaient obtenu provisoirement la permission de visiter Alger, permission dont ils ont profité largement.

Voici maintenant l'histoire de leur capture. Egarés dans le désert, ainsi que cinq Chaamba insoumis et faisant sans doute partie d'une bande plus nombreuse qui était venu razzer nos tribus soumises du Mzab, ils erraient depuis plusieurs jours à l'aventure, mourant de soif, eux et les chameaux coureurs qui leur servaient de monture. Epuisés, ils ne craignirent pas de s'approcher du premier campement qu'ils découvrirent, demandant qu'on leur fournît l'eau dont ils avaient tant besoin.

Mais, les habitants de la tente à qui ils s'adressèrent reconnaissant en eux leurs plus inplacables ennemis, les reçurent quoique n'étant pas en nombre, à coups de fusils et les obligèrent à prendre la fuite. En même temps l'alarme fut donnée dans le voisinage; et, bientôt cernés par les Mozabites montés sur des meharis frais, tous les dix durent mettre bas les armes et se rendre à merci.

Les cinq Chaamba relevant de notre autorité seront déférés à un conseil de guerre ; quant aux Touaregs, il est probable qu'ils seront renvoyés chez eux. La clémence, dont on fera ainsi preuve à leur égard, aura pent-être une influence heureuse sur nos futures relations commerciales avec le Sud. En tous cas, s'il leur est permis de rentrer dans leur pays, ils pourront raconter aux leurs les merveilles de notre civilisation et leur faire comprendre les dangers auxquels ils s'exposent, en attaquant les populations placées sous la protection d'une nation dont ils auront été mis à même d'apprécier la force. Ajoutons, pour compléter ces renseignements, qu'un seul d'entre eux comprend et parle la langue arabe.

(Extrait du *Moniteur*, du 22 octobre 1875.)

Je crois utile et intéressant pour tous les voyageurs artistes et touristes, de joindre à cet article les renseignemenis que j'ai pu recueillir moi-même sur ce peuple étrange, daus les circonstances que je vais décrire

Lorsque ces prisonniers sont arrivés à Alger, je me suis empressé de prendre les types de ces habitants du désert, si curieux tant au point de vue de l'art qu'à celui de la science.

La race Targui offre en effet le caractère le plus tranché avec celui des peuples qui l'environnent au Sud et au Nord.

Le Touareg est un véritable indigène de l'Afrique et n'a pas été importé par les invasions successives qui ont sillonné ce pays. Son origine, qui remonte aux temps les plus éloignés de nous, est entourée d'un voile mystérieux qui n'a pu être percé jusqu'ici.

Elle remonte si loin que, pour les Touaregs eux-mêmes, elle est inconnue ; elle se perd si bien dans la nuit des temps, qu'à l'inverse de tous les peuples nés sous le soleil, qui ont des traditions fantastiques pour indiquer la source qui les a fait naître, eux ne possèdent qu'une petite légende bien naïve et que voici en deux mots :

Un homme, venu de l'oasis égyptienne de Siouia, et une femme, partie du nord de l'Afrique, se rencontrèrent, par suite de vicissitudes inconnues, au milieu du Sahara, et de leur union naquit le premier Touareg.

Il est impossible de réduire à de plus petites proportions la naissance d'un peuple ; c'est Adam et Eve moins leur source divine.

Quoi qu'il en soit, cette légende toute primitive est corroborée par les faits que j'ai pu constater. — Il est certain que la race Targui est une race berbère ; elle s'éloigne de celle que nous connaissons au nord de l'Afrique, par la modification que lui a fait subir le mélange d'un autre sang, probablement celui d'un Egyptien, à en juger par l'aspect même du Targui, et conformément à la légende.

Cette union a produit une race forte et puissante ; le Touareg est d'une taille au-dessus de la moyenne ; il a les muscles vigoureux, les attaches et les extrémités fines ; ses traits sont réguliers ; la bouche recèle une certaine malice et son œil, bien enchassé dans une arcade profonde, indique une fermeté et une résolution peu communes.

Sa peau est plus bistrée que celle du Berbère du Nord ; elle doit cette teinte chaude au soleil de l'oasis égyptienne, qui est venu colorer dans ses veines les blancheurs que la mère avait pu apporter des neiges du Djurjura.

Il est inutile de faire ici la description du costume des Touareg ; tout le monde l'a vu exposé aux vitrines des photographes ; je signalerai seulement le voile bleu foncé, presque noir, dont ils se couvrent le visage.

Je suis le premier qui aie pu les voir et les reproduire le visage découvert ; j'ai eu ainsi le bonheur d'obtenir un document précieux, qu'il avait été jusqu'alors impossible de se procurer.

Le Touareg parle le Berbère, non pas l'idiome du nord de l'Afrique, mais cette antique langue lybienne, qui a survécu à tant de langues riches et savantes et s'est perpétuée à travers tant de révolutions, sans livres, sans monuments, sans aucun effort de la science et de l'intelligence humaines.

De plus, il possède seul le secret de l'écriture de cette langue berbère que nous entendons tous parler autour de nous et que personne ne peut écrire.

L'alphabet lybique que nous connaissons, et qui est bien incomplet, nous a été révélé dans des circonstances fort curieuses, que le lecteur me saura gré de lui faire connaître :

En 1845, un taleb de l'oasis du Touat, établi auprès du cheikh de Tuggurt, fut envoyé par ce dernier en mission à Constantine.

Ce taleb avait fait dix-huit fois le voyage de Tombouctou, et par conséquent traversé dix-huit fois le pays des Touaregs : il fut questionné sur les signes du langage Targui et traça ceux qu'il connaissait.

Afin d'obtenir un alphabet complet on le pria d'entreprendre un dix-neuvième voyage de Tombouctou, en le chargeant de toutes les missions possibles.

Malheureusement à cette époque les Chambis et les Touaregs se livraient des combats à outrance ; le taleb ne put partir, mais il envoya à sa place un marabout qui, en cette qualité, pouvait circuler sans danger entre les tribus ennemies.

C'est ainsi que nous eûmes un spécimen de l'alphabet berbère contemporain.

Ces caractères ont une ressemblance frappante avec ceux tracés sur les pierres d'une ruine romaine et sur des rochers situés au Fezzan, dans le pays des Touareg, et découverts en 1822, par un voyageur anglais. Ils reproduisent la même langue, cette langue insaisissable, surprise au fond des solitudes, sur les rochers de la Lybie déserte !

Ainsi donc, langue et origine berbères ; quant à eur religion, quoique musulmane, elle constitue un schisme particulier.

Comme les Kabyles, leurs frères, ils sont d'une secte méprisée par les Arabes qui prétendent que leurs prières sont sans valeur, laissent Mahomet insensible et ne parviennent pas jusqu'à Allah ; les Touareg, en effet, négligent les ablutions, ce qui est le premier devoir du croyant, sans l'accomplissement duquel il n'y a pas de salut.

Les Targui ne pratiquent pas non plus la polygamie, mais leurs femmes, comme dans toutes les sociétés musulmanes, sont reléguées dans une condition inférieure et misérable ; ainsi que l'homme, elles se voilent le visage, mais seulement devant l'étranger.

La constitution politique du pays Touareg est la féodalité de nos pères.

Il y a trois castes : les nobles qui perçoivent les impôts, les serfs qui les paient et une troisième classe d'individus, composée de serfs, qui, par suite de services rendus à la tribu, ont été affranchis de l'impôt, mais, ben entendu, n'en perçoivent aucun.

Un sultan domine sur tout ce monde ; mais sa puissance est toute d'apparat et ne s'exerce que fictivement, les nobles gouvernent en réalité ; ce sont les grands feudataires du moyen-âge, le roi est à leur merci.

Le pays qu'ils habitent est accidenté ; on y trouve de hautes montagnes, couvertes de neige pendant trois mois de l'année ; son aspect est misérable et dénudé, ses productions presque nulles ; cependant dans les vallées et oasis on trouve l'orge, le bechna et un blé qui diffère un peu du nôtre.

La misère, qui règne dans une contrée si déshéritée oblige les habitants à se livrer au commerce d'échange seulement ; d'ailleurs leur système se simplifie souvent, car ils sont encore plus pillards que commerçants ; ils rançonnent toutes caravanes qui se rendent à Tombouktou et qui sont obligées de passer hez eux ; souvent après leur avoir fait payer un tribut, ils vont les attendre au loin pour les dévaliser ; cependant, d'après les renseignements que j'ai pu obtenir, l'accès de leur pays ne serait pas aussi difficile qu'on pense et ils m'ont même promis, si je voulais aller les voir, une réception des plus hospitalières.

Il est vrai que le voyage est un peu long. Autant que j'ai pu leur faire préciser, il y aurait de chez eux à Aïn-Salah, limite extrême nord de leurs courses, deux journées de chameau ; or, ils n'en comptent qu'une d'Alger à Laghouat, et la distance qui sépare ces deux derniers points, est de plus de *cent* lieues !

Cette évaluation donne une idée de la vitesse et de la résistance de leurs meharis.

Le mehara est un chameau blanc, particulier à cette contrée ; il est au chameau ordinaire, ce que le pur sang anglais est au cheval de trait. Cet animal fait *cent* lieues dans sa journée, et le Touareg qui m'affirmait ce fait, d'ailleurs bien connu, prétendait pouvoir, sur son chameau, se rendre d'Alger à Oran plus vite que le chemin de fer ; il est vrai que ce dernier, dans sa prudente lenteur, met seize heures pour accomplir ce trajet.

Il m'a été fort difficile, je dois le dire, d'arriver à des évaluations certaines, parce que le Touareg, ainsi que tous les peuples primitifs, n'a qu'une notion très imparfaite des quantités ; j'en vais donner la preuve par une réponse qu'il me fit :

On avait donné à celui qui me servait d'interprète et qui parlait arabe, ainsi qu'à deux de ses compagnons, des gandouras neuves ; mais il était désolé parce que les deux autres n'en ayant pas, il lui était impossible de s'en revêtir ; chez lui, disait-il, on n'agit pas ainsi ; il faut que nous ayons tous des gandouras neuves, ou aucun de nous n'en portera.

Je lui répondis qu'il pouvait être tranquille et que tous recevraient le même présent.

Après un moment de réflexion, mon Touareg reprit *C'est vrai, la France est assez riche pour cela ; elle pourrait bien habiller cent Touareg !*

Comme je souriais en entendant cette réponse, il me regarda sérieusement et me dit : Tu me croiras, si tu veux ; mais j'appartiens à une famille qui pourrait habiller *cent* Touareg.

Tout ce que cet homme avait vu d'Aïn-Salah à Alger n'avait donc fait naître dans son esprit aucune idée nette ; pour lui la puissance et la richesse était une, pas de degré de plus ou de moins ; sa famille était puissante et pouvait habiller cent Touareg, donc la France devait pouvoir aussi habiller cent Touareg.

De même en ce qui concerne les distances, ils n'ont qu'une notion fort imparfaite ; lorsqu'ils ne les évaluent pas en journées de chameau, ils comptent par milles, et la définition que j'ai pu obtenir de ce mille est toute fantastique : c'est la distance à laquelle on ne reconnaît plus un homme d'une femme !

Quelle précision !

Mais pour revenir à leur commerce d'échange, je dirai qu'il se borne à quelque peu de poudre d'or, des dépouilles d'autruche et de l'ivoire, qu'ils apportent à Aïn-Salah, après être allés les chercher à Tombouktou.

Les Touareg sont en effet à moitié chemin de ces deux villes et barrent ainsi la grande route du désert qu'ils parcourent sans cesse pour y faire des razzias, lorsque le commerce ne suffit plus à leurs besoins.

Ils surveillent toutes les caravanes et en organisent eux-mêmes ; à ce sujet, mon Targui me raconta sur un marabout de son pays, une tradition qui rappelle les inventions orientales des Mille et une Nuits :

Une caravane, partie de Rât, et composée de Touareg, ne reparaissait plus depuis longtemps ; tous les parents et amis de ceux qui la composaient, craignant qu'il ne fût arrivé malheur, allèrent trouver un marabout, dont le fils même faisait partie de cette caravane, et le supplièrent d'user de son pouvoir divin pour les rassurer sur le sort des voyageurs.

Le marabout promit.

Le lendemain, il se changea en oiseau et partit. Au bout d'une journée, il découvrit la caravane et s'en approcha ; il reconnut que personne ne manquait à l'appel, que tous étaient en bonne santé et qu'un chameau seul avait une blessure au flanc.

Il alla se poser sur le dos de ce chameau, afin de reprendre, après un instant de repos, son vol vers sa tribu. Un nègre le vit, et craignant que cet oiseau ne vint à picoter la blessure du mehara, lança une pierre qui atteignit le pauvre volatile.

L'oiseau s'envola, mais la pierre avait cassé une dent an malheureux marabout.

De retour, ce dernier prétendit avoir eu un songe, rassembla la tribu et déclara que la caravane était en bonne santé, à l'exception du chameau blessé, il ajouta que dans deux jours, chacun pourrait presser son parent dans ses bras.

A l'heure dite, la caravane apparaissait à l'horizon ; tout le monde courut au-devant d'elle ; après les salamaleïkoum d'usage, le nègre qui avait lancé la pierre à l'oiseau, s'approchant du marabout, lui dit, en se servant d'une expression targui que nous ne saurions mieux traduire que par ce mot de notre langue vulgaire : *Tu te fais vieux*, Sidi, il te manque des dents.

Le marabout se redressant, dit au nègre : Misérable, tu ne te souviens donc pas que la pierre que tu as lancée à l'oiseau qui est venu se percher sur ton chameau? Cet oiseau, c'était moi et c'est toi qui m'as ainsi cassé une dent!

Depuis lors ce marabout a reçu les honneurs d'une sépulture consacrée et est en grande vénération chez les Targui.

J'ai dit que leur commerce se faisait par échange; en effet, ils ne fabriquent aucune monnaie; autrefois ils se servaient d'un certain coquillage noir, qui représentait une valeur fictive, aujourd'hui ils ont des douros français (pièces de 5 francs), mais en petite quantité.

Les dattes et le kouskous sont la principale nourriture de ce peuple, qui se fait gloire de sa sobriété.

Souvent, desséché par le soleil, dévoré par les ardeurs enflammées qui s'échappent d'un sable brûlant, le Targui refusera de boire pour affirmer sa force en même temps que son dédain pour la souffrance.

Voilà les renseignements que j'ai pu recueillir; je les livre au public, parce que je les crois nouveaux. Parmi ces prisonniers Touareg qui me les ont fournis, j'ai eu le bonheur d'en rencontrer un qui parlait arabe, par de petits présents, j'ai su rapidement gagner sa confiance et son amitié, j'ai alors entamé avec lui de longues conversations et j'ai pu, en plusieurs fois, réunir ces documents; ils ont été obtenus dans des relations tout amicales, aussi je puis dire à ceux qui me liront qu'ils offrent toute garantie de véracité, et je suis convaincu que les touristes seront satisfaits d'emporter d'ici quelques notions sur ces pays mystérieux et inconnus.

Depuis quelque temps des explorateurs parcourent

ces contrées, dans le but d'y rétablir des relations commerciales et de communiquer ainsi avec le Sud.

Sans vouloir traiter une question aussi complexe, nous pensons que ce n'est pas par cette voie qu'il faut tenter d'atteindre ce résultat, et nous partageons de tous points les appréciations de M. le général Wolff, que nous croyons fort intéressantes pour le voyageur qui, sans négliger les beaux sites et la nature, étudie aussi les populations qu'il visite. Elles trouveront une place utile à la fin de cet article et nous les transcrivons :

LE COMMERCE AVEC LE SUD

Les courants commerciaux, partant du Soudan, qui vont du Sud au Nord, aboutissent du côté de l'Ouest à Insalah. Entre ces deux oasis, il existe bien, à la vérité, une voie plus directe et plus centrale pour arriver au Soudan en Algérie : c'est celle qui part du Haoussa, passe par Agadas, le pays d'Asben et Amadghor, pour aboutir à Ouargla par la vallée de l'Oued Ighàrghar ; mais elle traverse le pays montagneux et difficile qui sépare les Touareg Hoggar des Touareg Azgar et elle est encore moins sûre que les autres, à cause des guerres acharnées que s'y livrent ces deux tribus. Elle est, depuis longtemps, abandonnée au profit des chemins qui, vers la hauteur d'Aghadès, bifurquent sur Insalah et sur Bilma et il est présumable qu'il serait fort difficile d'y rétablir un courant commercial.

Il est fort douteux qu'on puisse attirer, vers nous, une partie du commerce de Ghadamès. En effet, cette Oasis pourrait bien diriger ses caravanes vers El-

Oued, Tougourt et Ouargla, et nos gens de l'extrême sud n'ont pas complétement oublié ce chemin ; mais Tripoli est un peu plus rapproché et offre une route où l'eau est plus abondante ; de plus, il est peu probable que notre commerce grevé de frais de transport considérables, puisse livrer ses marchandises, à Ouargla, à des prix plus avantageux que les négociants anglais à Tripoli. D'un autre côté, il ne faut pas oublier que le gouvernement turc a fait occuper Ghadamès et qu'il ne se montrerait sans doute pas favorable aux tentatives qui seraient faites pour détourner, vers l'Algérie, une partie du courant qui alimente le commerce de Tripoli.

Insalah, présente, pour nous, plus d'intérêt que Ghadamès, au moins dans les conditions actuelles. Cette oasis semble avoir hérité de toute l'importance commerciale des centres autrefois florissants d'Aghadès, Idelès, Tademmekka et autres bien connus dans l'extrême Sud, Elle est en relations continuelles avec le Soudan, et jusques vers les approches de la côte de Guinée, avec les traficants du Niger. C'est incontestablement, par sa position, le point avec lequel nous avons le plus de chances de pouvoir établir des relations suivies, car les routes qui en partent pour aboutir à Goléah, à Metlili, au Mzab, à Ouargla, sont à peu près aussi bonnes et aussi courtes que celles qui conduisent au Maroc. Assez fréquentées autrefois, elles n'ont pas entièrement cessé de l'être, ce qui est un gage certain de la possibilité de les utiliser à notre profit. Il faut tenir compte aussi de ce que le Touat, le Tidikelt, le Gourara, qui sont dans son voisinage, sont des groupes d'oasis assez peuplés, qui ont des produits à nous offrir en dehors de ceux du Soudan et dont la population a des besoins qu'elle ne peut satisfaire, bien qu'indirectement, que par le commerce européen.

De grandes précautions seront à prendre pour attirer vers nous le commerce d'Insalah. Ce n'est pas une question de fanatisme musulman qui porte les populations de cette région, à éviter toute relation avec les chrétiens ; elles redoutent principalement que nous n'ayons des idées de conquête et elles craignent en même temps que la perte de leur indépendance, voir nos commerçants supplanter les leurs, si nous étions une fois maîtres de leur pays.

Ce sont ces appréhensions qui les ont portées, à l'époque du voyage de M. Soleillet, à se déclarer sujettes de l'Empereur du Maroc, bien que Sa Magesté Chérifienne n'exerce plus sur elles qu'une autorité purement nominale. Elles craignent que si des litiges venaient à s'élever entre leurs commerçants et les nôtres, nous ne voulions les régler par la force, et, pour éviter une éventualité de cette nature elles se tiennent à l'écart de toute relation avec nous.

Ce sont ces idées fausses sur nos intentions, qu'il faut chercher à combattre, et nous n'arriverons à les faire disparaître qu'en usant de beaucoup de prudence et de persévérance, dans les tentatives qui seront faites.

Etant admis que nos efforts ne peuvent porter, avec chance de succès, que du côté d'Insalah, je vais examiner quel serait le point du Sud de la province d'Alger, qui conviendrait pour la création d'entrepôts commerciaux et l'organisation d'une foire annuelle.

El-Goléah est trop éloigné de Laghouat ; les marchandises, à l'aller et au retour, seraient grevées de frais de transport trop considérables pour les négociants qui voudraient s'y établir, et, le choix à faire, n'est discutable qu'entre trois localités : Ouargla, Gardaïa et Metlili.

Au premier abord, Ouargla paraît réunir toutes les conditions désirables ; ce point est, en effet, situé de manière à rayonner aussi facilement vers Ghadamès que vers Insalah, et il deviendrait tête de ligne si la route par la vallée de l'Igharghar, dont j'ai fait mention plus haut, pouvait être rétablie ; mais, comme nous sommes obligés de ne pas tenir compte des courants commerciaux qui se dirigent vers l'Est, cette considération n'a pas grande valeur.

Ouargla n'est pas plus rapproché d'Insalah que Metlili, et, tandis que la distance de ce dernier point à Laghouat n'est que de 200 kilomètres, celle d'Ouargla à Laghouat est de 380 kilomètres. Les caravanes du Sahara viendraient aussi facilement à Metlili qu'à Ouargla, et nos négociants trouveraient un avantage très marqué, à cause de la différence du prix des transports, à prendre pour centre, le premier de ces points, ou Ghardaïa qui est à 170 kilomètres de Laghouat.

Si, en outre, on tient compte de l'extrême insalubrité d'Ouargla, on sera amené à éliminer cette oasis dans la recherche dont nous nous occupons. Il reste donc à comparer les avantages de Ghardaïa et ceux de Metlili.

A n'envisager que le fait matériel de la situation topographique, du rapport des distances, des facilités relatives des communications, des aptitudes essentiellement commerciales des habitants, des relations qu'ils n'ont pas cessé d'entretenir avec le Sahara indépendant, Ghardaïa paraîtrait devoir l'emporter sur toute autre oasis de notre Sud ; mais, en nous plaçant à un au`re point de vue, nous apercevrons bientôt de graves empêchements d'ordre politique.

Ghardaïa est la ville principale de la Confédération du Mzab, laquelle, aux termes des conventions intervenues lors de sa soumission à la France, jouit d'une constitution toute spéciale. Nous n'exigeons de cette Confédération qu'un tribut annuel fixe, qui est réparti entre les contribuables par les Djemâas et nous n'exerçons, chez elle, que des droits de suzeraineté. La justice, tant au civil qu'au criminel, est rendue d'après les anciennes coutumes, par les Djemâas qui, d'un autre côté, élisent les Chefs chargés de l'Administration. L'autorité française n'intervient dans les affaires du M'zab, que lorsque la tranquillité publique y est intéressée. Les Mozabites sont extrêmement jaloux de cette demi-indépendance, qui les place en dehors de notre action directe.

Si des Européens s'établissaient au Mzab, ils pourraient manquer de garanties au point de vue de la justice, ou bien on serait amené à changer l'ordre de choses qui a été établi par une sorte de traité.

Les Mozabites, qui ont le monopole du peu de commerce qui nous reste avec les populations sahariennes, ne verraient pas d'un bon œil des négociants européens s'établir chez eux, pour leur faire concurrence, et ils ne manqueraient pas de leur susciter, d'une manière occulte, toutes sortes de difficultés et d'entraves.

Il vaut donc bien mieux s'établir de suite en avant du Mzab, en choisissant Metlili, qui appartient au pays des Chamba et qui est soumis à notre Administration directe. Les Chamba n'ont pas des aptitudes commerciales aussi développées que les Mozabites, mais ils s'entendent assez bien aux choses du commerce et ils sont moins jaloux que ces derniers de monopoliser, parce que leur spécialité est plutôt de servir d'intermédiaires pour convoyer les marchandises et pour conduire les caravanes dans l'extrême Sud, qu'ils parcourent sans cesse et qu'ils connaissent parfaitement. Eux seuls peuvent fournir les animaux de transport et les conducteurs dont on aura besoin, et il est présumable qu'il sera facile de les amener à nous servir, malgré l'opposition des Mozabites, en leur faisant voir que, de toutes façons, ils ne peuvent perdre la clientèle de ces derniers et que nous leur fournirons, au contraire, une chance d'augmenter leurs bénéfices.

C'est donc Metlili qu'il me paraît avantageux de choisir, soit pour y établir des entrepôts commermerciaux, soit y créer une foire annuelle.

Je passe maintenant à l'examen de diverses questions sur lesquelles la chambre de commerce a désiré avoir des renseignements.

1° Quelles sont les marchandises d'importation et d'exportation ?

Les caravanes qui viennent du Soudan amènent de la poudre d'or, des dents d'éléphant, des peaux de buffle, lion, panthère, girafe, autruche, de la gomme blanche, de l'indigo, de la soude, du musc de civette, du miel, des noix de Gouron, du natron, des chameaux vivants, des étoffes en bandes étroites fabriquées au Soudan et des esclaves nègres. C'est cette marchandise humaine qui forme le fond principal de leur commerce, le reste n'est qu'accessoire.

On a pensé qu'il serait possible de prendre ces esclaves comme domestiques, au moyen d'engagements d'un certain nombre d'années; mais, outre que nous n'avons pas de loi pour faire respecter des engagements de cette nature, il y a lieu de remarquer que les esclaves qui sont amenés par les caravanes vers les côtes de la Méditerranée, ne sont, en grande majorité, que des femmes et des enfants ; il n'y aurait donc pas de main-d'œuvre immédiate à en attendre.

Les produits particuliers au Touat et au Tidikelt, et dont on fait commerce, sont : les dattes, les fruits secs (raisins, figues, amandes), la salsepareille, le henné et le salpêtre.

Les marchandises que les caravanes du Sahara et du Soudan achètent à nos tribus ou demandent à l'industrie européenne sont : les céréales, les moutons vivants, la laine, les burnous et haïks, le beurre, l'huile, le tabac, les fromages secs, le sel, les cotonnades, les draps de couleur vive, les foulards en soie, les mouchoirs, les rubans, les fils de toute espèce, soie et coton, cordes et ficelles, les métaux bruts, cuivre et fer, les métaux ouvragés (scies, limes, couteaux, haches, serpes, pioches, tenailles, marteaux, houes, alènes, clous, aiguilles, dés, ciseaux, cadenas, gobelets, cafetières, etc.); le café, le sucre, le thé, les clous de girofle, la canelle, le safran, les bougies stéariques, le savon, les allumettes phosphoriques, le papier, le koheul, le henné, les essences, les parfums, le benjoin, les cantharides en poudre, les peignes, le corail, les verroteries, les miroirs de petite dimension, les armes blanches, les armes à feu, la poudre, etc.

2° Quels sont les moyens de transport et quel en est le coût ?

Les marchandises peuvent être portées par voitures jusqu'à 50 kilomètres au sud de Laghouat ; au delà de ce point, il faut recourir à l'emploi du chameau. La location de ces animaux ne souffrirait aucune difficulté, les tribus qui entourent Laghouat et les Chamba faisant volontiers le métier de convoyeurs.

Le prix de transport du quintal métrique sur voitures, d'Alger à Laghouat, est de 45 francs ; par chameau, il revient à environ 40 francs.

De Laghouat à Metlili, la charge du chameau, évaluée à 150 kilogrammes, coûte 30 francs de port, soit 20 francs le quintal. Pour Ghardaïa, le transport coûterait 17 francs le quintal.

De Laghouat à Ouargla, la charge du chameau doit être réduite à 100 kilogrammes, à cause de la distance et de la difficulté du chemin ; le prix de revient serait de 55 francs par quintal.

Ces prix baisseraient probablement si le transit devenait considérable et s'opérait d'une façon régulière.

3° Quelle est l'époque de l'année à laquelle peuvent venir, sur les points extrêmes de nos possessions, les caravanes du Touat et du Gourara ?

Le meilleur moment est le mois de janvier, ou, pour préciser davantage, du 15 janvier au 15 février.

A cette époque, le Sahara est très fréquenté, l'eau se trouve en abondance et les caravanes voyagent sans difficulté ; elles ont tout le temps nécessaire pour se préparer, pour faire leur route, pour séjourner et opérer leur retour sans avoir à craindre la saison défavorable. C'est le moment habituel des transactions de l'extrême Sud, et l'on ne saurait en préférer un autre.

4° Quelles garanties peuvent offrir, pour obtenir du crédit auprès de nos maisons de commerce, les marchands de Ghardaïa, de Metlili ou d'Ouargla, et quels sont les moyens qu'ils pourraient employer pour effectuer leurs paiements ?

Cette question est très délicate et il m'est très difficile d'y répondre.

Nos négociants auraient certainement des risques à courir, et ils ne doivent s'en rapporter qu'à eux-mêmes pour choisir les individus auxquels ils voudraient ouvrir des crédits. S'ils se servaient de Mozabites, comme il y en a un grand nombre établis à Alger et dans les villes du Tell, ils pouraient demander, à ceux-ci, de cautionner leurs coreligionnaires du Sud ; mais je doute qu'ils y consentent volontiers, car leur tendance sera plutôt de lutter contre la concurrence européenne que de l'encourager. Le plus sûr serait d'avoir des représentants européens dans le Sud et de ne traiter qu'au comptant.

S'il fallait employer les formes de la justice française pour faire saisir les biens des débiteurs dans les régions aussi éloignées, les procès seraient interminables, les frais seraient énormes et on risquerait d'augmenter encore ses pertes en y recourant.

Dans tous les cas, le Commandement ne pourrait intervenir pour régler des questions du ressort exclusivement judiciaire.

NOTA

Les artistes chasseurs. les amateurs d'excursions plus complètes et plus longues, soucieux d'obtenir des informations et données exactes sur des localités et des sujets qui n'ont pu trouver place dans cette courte publication peuvent s'adresser tous les jours, dans l'après-midi, au magasin de photographie de M. PORTIER, rue Bab-Azoun, où ils trouveront accueil cordial et conseils désintéressés.

Pour terminer ce guide, nous allons présenter sous forme de vocabulaire, les mots les plus usuels de la langue arabe; ils pourront quelquefois être d'un grand secours pour l'Etranger en voyage.

L'arabe vulgaire est une langue primitive dans sa forme et en prononçant simplement le mot et le verbe sans aucune liaison, déclinaison, ni conjugaison, on sera toujours compris.

Vocabulaire des mots Arabes les plus usités

L'Homme

FRANÇAIS	ARABE	ANGLAIS
Homme.	*radjel.*	Man.
Femme.	*mra.*	Woman.
Garçon.	*ouled.*	Boy (Son).
Fille.	*bent.*	Daugther (Girl).
Vieillard.	*cheickh.*	Old man (Elder).

Les Vêtements

Pantalon.	*seroual.*	Pantloons (trowsers) ov pants.
Veste.	*djabadoli.*	Jaket.
Burnous.	*beurnous.*	Burnous.
Chapeau.	*berrita.*	Hat.
Calotte.	*chachia.*	Skull cap.
Bas.	*chekacher.*	Stocking.
Souliers.	*sebabet.*	Shoe.
Bottes.	*temak.*	Boot.

Les Armes

FRANÇAIS	ARABE	ANGLAIS
Sabre.	*sif.*	Sword saber.
Hache.	*chakour.*	Ax.
Fusil.	*mekahla.*	Gun.
Pistolet.	*kabous.*	Pistol.
Poudre.	*baroud.*	Powder.
Plomb.	*chatma.*	Lead.

Les Animaux

Cheval.	*aoud.*	Horse.
Jument.	*fereus.*	Mare.
Chien.	*kelb.*	Dog.
Chat.	*kat.*	Cat.
Bœuf.	*feurd.*	Beef (ox)
Vache.	*begra.*	Cow.
Veau.	*oukrife.*	Calf.
Mulet.	*beurhel.*	He mule.
Ane.	*hamar.*	Donkey.
Mouton.	*kebch.*	Sheep.
Chèvre.	*maza.*	She goat et Nauy goat.
Porc.	*hallouf.*	Hog.
Chameau.	*djemel.*	Camel.
Coq.	*serdouk.*	Rooster.
Poule.	*djadja.*	Chicken.
Canard.	*brak.*	Duck.
Oie.	*ouaz.*	Goose.
Dindon.	*djadja-el-hend.*	Turkey.
Pigeon.	*khammam.*	Pigeon.
Lion.	*sba.*	Lion.
Panthère.	*nemr.*	Panther.
Hyène.	*dhebaa.*	Hyena.
Lapin.	*gnin.*	Rabbit.
Autruche.	*nam.*	Ostriche.
Outarde.	*houbara.*	Bustard.
Perdrix.	*hadjela.*	Partridge.
Caille.	*semmana.*	Quail.

FRANÇAIS	ARABE	ANGLAIS
Cigogne.	bellaredj.	Stork.
Tortue.	fekroum.	Turtle.
Vipère.	lefâ.	Adder.
Scorpion.	akrab.	Scorpion.
Lézard.	deb.	Lizard.
Sangsue.	alka.	Leech.
Moustique.	namous.	Mostiquo (es).
Aigle.	nser.	Eagle.

Ce qui concerne les Animaux

Cuir.	djeld.	Leather.
Peau.	djeld.	Skin.
Toison.	djezza.	Fleece.
Corne.	qorn.	Horn.
Os.	âdâm.	Bone.
Laine.	souf.	Wool.
Tête.	ras.	Head.
Corps.	djesed.	Body.
Patte.	redjel.	Leg.
Plume.	rich.	Feather.
Poil.	char.	Hair.
Dent.	senan.	Teeth.
Bec.	monqar.	Bill.
Œil.	aïn.	Eye.
Selle.	serdj.	Saddle.
Etrier.	kekab.	Stirrup.
Sangle.	khezam.	Girth.
Bride.	ledjam.	Bridle.
Mors.	fass.	Bit.
Gourmette.	kholka.	Gourmet.
Bât.	berdâ.	Pack saddle.
Couverture.	djelal.	Horse blankeb.

La Campagne

Nord.	dahra.	North.
Sud.	kebli.	South.
Est.	cherki.	East.
Ouest.	rarb.	West.

FRANÇAIS	ARABE	ANGLAIS
Montagne.	*djebel.*	Mountain.
Terre.	*ardh.*	Earth.
Bois.	*khâba.*	Woode.
Lac.	*guell.*	Lake.
Rivière.	*oued.*	River.
Prairie.	*merbâ.*	Prairy.
Eau.	*ma.*	Water.
Mer.	*bahar.*	Sea.
Marais.	*meurdja.*	Marsh.
Plaine.	*pouta.*	Plain.
Rocher.	*kef.*	Rock.
Grotte.	*rar.*	Grot grotto.
Pont.	*qantara.*	Bridge.
Village.	*douar.*	Village.
Tente.	*guitoun.*	Tente.
Fontaine.	*aïn.*	Fountain.
Broussaille.	*ghâba.*	Buch.
Jardin.	*djenan.*	Garden.
Puits à roue.	*noria.*	Well.
Fleurs.	*nouar.*	Flowers.
Arbre.	*chedjera.*	Tree.
Branches.	*arouf.*	Branches.
Feuilles.	*ouraq.*	Leafs.
Epines.	*chouk.*	Thorns.
Pierre.	*hadjeur.*	Stone.
Table.	*romel.*	Table.
Poussière.	*ghobar.*	Dust.

Graines et Légumes

Blé.	*gomh.*	Wheat.
Foin.	*chaïr.*	Hay.
Orge.	*gourt.*	Barboy.
Pois.	*djelbana.*	Peas.
Haricots.	*loubia.*	Beans.
Maïs.	*bechena.*	Corn.
Tomate.	*tomatech.*	Tomatoes.
Salade.	*salata.*	Salad.
Artichaut.	*garnoun.*	Artichok.

FRANÇAIS	ARABE	ANGLAIS
Fève.	foul.	Bean, Horse bean.
Melon.	bettikh.	Melon.
Pastèque.	dellâ.	Water melon.
Courge.	qara.	Pumkin.
Choux.	qrombit.	Cabbage.
Asperge.	seqqoum.	Asparagus.
Oignons.	bosal.	Onions.
Carottes.	zerodia.	Carrots.
Herbe.	hachich.	Grass.
Câpre.	kebbar.	Capers.
Pomme de terre.	batata.	Potatoes.
Cresson.	qarsa.	Water-gress.
Radis.	mechetchi.	Radishes.
Choux-fleur.	flour.	Cauliflower.

Arbres

Olivier.	chedjerath-ez-zi-toun.	Olive tree.
Chêne-vert.	senedian.	Oak.
Liége.	feurdj-en-nis.	Cork.
Poirier.	chedjerath-el-lendjas.	Pear tree.
Prunier.	chedjerath-el-aouïn.	Plum tree.
Vigne.	ariche.	Vine (vine-yard).
Peuplier.	safsaf.	Poplar.
Cèdre.	senoubeur.	Cedar.
Palmier.	nakhela.	Palm tree.
Laurier.	round.	Laurel. Bay tree.
Lentisque.	kemkam.	Lentick.
Figuier.	chedjerath-el-karmous.	Fig tree.
Pêcher.	chedjerath-el-khoukh.	Peach tree.
Abricotier.	chedjerath-el-mechmache.	Apricôt tree.
Bananier.	chedjerath-el-mouze.	Banana tree.

FRANÇAIS	ARABE	ANGLAIS
Oranger.	chedjerath-el-tchina.	Orange tree.
Citronnier.	chedjerath-el-lime-qareuse.	Lemon tree.
Grenadier.	chedjerath-er-rommân.	Pomegranade tree
Cyprès.	seroula.	Cyprest.
Jujubier.	annab.	Jujub tree.
Noyer.	djouza.	Nut tree.
Cassier.	chedjerath el-ban	
Figues de barbarie	karmous ennsara	Cactus.

Fleurs, Arbustes et Fruits

FRANÇAIS	ARABE	ANGLAIS
Rose.	oeurda.	Rose.
Œillet.	groufel.	Pink.
Fraisier.	tout-el-qâa.	Straw-Berry-Bush
Géranium.	abra erraï.	Geranium.
Jasmin.	iasmin.	Jasmin.
Giroflée.	khili.	Gilly flower.
Violette.	bellesfendj.	Violets.
Cassis.	ban.	Cassiss.
Laurier-rose.	defela.	
Raisin.	âneb.	Grapes.
Pommes.	teffah.	Apples.
Poires.	lendjas.	Pears.
Prunes.	aouïne.	Plums.
Dattes.	temer.	Dattes.
Cerises.	melouk.	Cherries.
Figues.	karmous.	Figs.
Pêches.	khoukh.	Peach.
Abricots.	mechmache.	Apricot.
Bananes.	mouze.	Banana.
Oranges.	tchina.	Orange.
Citrons.	lime qâreuse.	Lemon.
Grenades.	rommam.	Granada, Pome-grenada.
Amandes.	louz.	Almonds.
Raisins secs.	zebib.	Raisins.

Le Temps

FRANÇAIS	ARABE	ANGLAIS
Soleil.	*chems.*	Sun.
Jour.	*nhar.*	Day.
Matin.	*sbah.*	Morning.
Midi.	*dohor.*	Mid day Noon.
Après-midi:	*eulam.*	Afternoon.
Lune.	*komar.*	Moon.
Etoile.	*nedjma.*	Star.
Soir.	*eucha.*	Evening.
Nuit.	*lila.*	Night.
Chaleur.	*srana.*	Heat.
Froid.	*beurd.*	Cold.
Vent.	*rih.*	Wind.
Nuage.	*shaba.*	Cloud.
Pluie.	*cheta.*	Rain.
Orage.	*rad.*	Tempest, Hearican.
Boue.	*rerka.*	Mud.
Neige.	*tselaj.*	Snow.
Année.	*sena.*	Year.
Mois.	*cheher.*	Month.
Jour.	*ioum.*	Day.
Heure.	*saâ.*	Hour.
Dimanche.	*ioum-el-hâd.*	Sunday.
Lundi.	*ioum-el-etnin.*	Monday.
Mardi.	*ioum-el-telata.*	Tuesday.
Mercredi.	*ioum-el-arbâ.*	Wendesday.
Jeudi.	*ioum-el-khramis*	Thursday.
Vendredi.	*ioum-ed-djemâ.*	Friday.
Samedi.	*ioum-es-sebt.*	Saturday.
Hier.	*el-bara.*	Yeterday.
Aujourd'hui.	*el-ioum.*	To-Day.
Demain.	*redoua.*	Tomorow.
Après-demain.	*bad-redoua.*	Day after tomorow.

Repas

FRANÇAIS	ARABE	ANGLAIS
Pain.	khrobs.	Bread.
Eau.	ma.	Water.
Vin.	cherob.	Wine.
Lait.	halib.	Milk.
Beurre.	zibda.	Butter.
Viande.	lahm.	Meat.
Œufs.	bida.	Egué.
Poisson.	houta.	Fish.
Huile.	sit.	Oil.
Vinaigre.	khral.	Vinaigar.
Miel.	asel.	Honey.
Poivre.	felfel.	Pepper.
Sel.	melh.	Salt.
Assiette.	tebsi.	Plate.
Couteau.	mous.	Knife.
Cuiller.	mrherfa.	Spoon.
Outre.	forba.	Goatskins.
Serviette.	foutha.	Napkin.

Pour dormir

FRANÇAIS	ARABE	ANGLAIS
Lit.	keach.	Bed.
Matelat.	methrah.	Mattrest.
Tapis.	besath.	Carpet.
Couverture.	lehhaf.	Blanket.
Chandelle.	chema.	Candle.
Lampe.	meshah.	Lamp.

Métaux

FRANÇAIS	ARABE	ANGLAIS
Fer.	hadid.	Iron.
Acier.	dekir.	Steel.
Plomb.	rsas.	Lead.
Cuivre.	nehas.	Copper.
Argent.	fodda.	Silver.
Or.	dahab.	Gold.
Argent monnayé.	draham.	Coin.

Nombre

FRANÇAIS	ARABE	ANGLAIS
Un.	ouahhed.	One.
Deux.	zoudj.	Two.
Trois.	tleta.	Three.
Quatre.	arbâ.	Four.
Cinq.	khramsa.	Five.
Six.	setta.	Six.
Sept.	seba.	Seven.
Huit.	tmenia.	Eight.
Neuf.	tesâa.	Nine.
Dix.	achra.	Ten.
Onze.	ahdache.	Eleven.
Douze.	tenache.	Twelve.
Treize.	tletache.	Thirteen.
Quatorze.	arbatache.	Fourtten.
Quinze.	hkramsatache.	Fifteen.
Seize.	settache.	Sixteen.
Dix-sept.	sebâtache.	Seventeen.
Dix-huit.	tementache.	Eighteen.
Dix-neuf.	tesatache.	Ninefeen.
Vingt.	acherin.	Twenty.
Trente.	tletin.	Thirty.
Quarante.	arbaïn	Fourty.
Cinquante.	khramsin	Fifty.
Soixante.	settin.	Sixty.
Soixante-dix.	sebaïn.	Seventy.
Quatre-vingts.	lemantin	Eighty.
Quatre-vingt-dix.	tesaïne.	Ninety.
Cent.	mia.	Hundred.
Mille.	elaf.	Thonsand.

Objectifs les plus usités

Bon.	mlehh.	Good.
Beau.	chebab.	Beautiful.
Mauvais.	douni.	Bad.
Joli.	djemil.	Nice, Handsome Beautiful.

6

FRANÇAIS	ARABE	ANGLAIS
Propre.	*nedife.*	Clean.
Droit.	*mestoui.*	Strait.
Large.	*ouassâ.*	Broad.
Haut.	*aali.*	High.
Bas.	*ouati.*	Low.
Etroit.	*dïgue.*	Narrow.
Rond	*medoueur.*	Round.
Grand.	*kebir.*	Great.
Petit.	*seghir.*	Little.
Court.	*kessir.*	Short.
Long.	*touile.*	Long.
Sale.	*mouesseuhk.*	Dirty.
De travers.	*maoueudj.*	Across.
Epais.	*khechine.*	Thick.
Mince.	*reqique.*	Thin.
Carré.	*merabbâ..*	Square.

Adverbes et Prépositions

FRANÇAIS	ARABE	ANGLAIS
Combien.	*kaddech.*	How much.
Beaucoup.	*bezeff.*	Much.
Assez.	*barka.*	Enough.
Peu.	*chouïa.*	Little.
Ensemble.	*soua-soua.*	Together.
Dessus.	*ala, fouk.*	Beyond.
Dessous.	*tahhat.*	Below.
Devant.	*koddam.*	Before.
Derrière.	*auera.*	Behind.
A côté.	*fi djeub.*	By the side.
Au milieu.	*oust.*	On the middle.
En haut.	*fouk.*	Up.
En bas.	*esfel.*	Dwon.
Dedans.	*dakhrel, fi.*	Within.
Sur.	*ala.*	Upon.
Dehors.	*berra.*	Outside.
A droite.	*imin.*	Tho the right.
A droite.	*chemal*	Tho the left.
Ici.	*hena.*	Here.

Verbes les plus usuels

FRANÇAIS	ARABE	ANGLAIS
Atteler.	rebot.	Put a horse to a cab.
Acheter.	chera.	To buy.
Aller.	mecha.	To go.
Apporter.	djab.	To bring.
Arroser.	resch.	To water.
Abreuver.	seqa.	To give water.
Boire.	chreub.	To drink.
Comprendre.	fham.	To undersland.
Couper.	qeta.	To cut.
Courir.	djera.	To run.
Creuser.	hafar.	To hollow.
Coucher.	reyod.	To go to bed.
Dormir.	rkheud.	Sleep.
Donner.	ata.	To give.
Dire.	kal.	To say.
Gagner.	rebahh.	To win.
Habiller.	lebes.	To dress.
Laver.	ghessel.	To wash.
Se lever.	qam.	To rise.
Manger.	kla.	To eate.
Monter.	ourra.	To show.
Porter.	refed.	To carry.
Prendre.	kheda.	To take.
Travailler.	khedem.	To work.
Voler.	serraq.	To robb.
Vouloir.	khab.	Will to want.
Voir.	chaf.	See.
Voyager.	sefer.	Travel.
Vendre.	baa.	Sell.

C. PORTIER

PHOTOGRAPHE - PAYSAGISTE

LEÇONS AUX AMATEURS

Reproductions de Tombeaux, Portraits après décès, Villas, Salons, Groupes de Famille à la campagne.

CHEVAUX ET ÉQUIPAGES PLANS PHOTOGRAPHIÉS

Magasin de vente, rue Bab-Azoun,

ET RUE DE LA FLÈCHE

VUES ET TYPES DE L'ALGÉRIE

CATALOGUE

Vue panoramique d'Alger, prise de l'Amirauté, comprenant St-Eugène jusqu'au séminaire de Kouba, grandeur 1^m 50.
   Reliée en album.......................... 30 »
   Non reliée................................. 20 »
Vue panoramique d'Alger, comprenant St-Eugène jusqu'au Télégraphe de Mustapha-Supérieur, grandeur 1^m.

Reliée en album .... 20 »
Non reliée............... .... 15 »
VUE PANORAMIQUE d'une seule pièce mesurant
0ᵐ50 Alger .... 8 »
VUE PANORAMIQUE d'une seule pièce mesurant
0ᵐ50, Oran.. .... 8 »
VUE PANORAMIQUE d'une seule pièce mesurant
0ᵐ50, Constantine................. .... 8 »
VUE PANORAMIQUE d'une seule pièce mesurant
0ᵐ60, Mosquée et place du Gouvernement.... 8 »
VUE PANORAMIQUE d'une seule pièce mesurant
0ᵐ27, Alger.. .... 5 »

ÉPREUVES MESURANT 0ᵐ21 sur 0ᵐ27
à 2 fr. non montées, à 2 fr. 50 montées.

Nos
1 Boulevard de la République vue prise du Nord.
2 Boulevard de la République vue prise du Sud.
3 Mosquée Djedid, place du Gouvernement, Alger.
4 Blidah vue prise du chemin des Cèdres.
5 Alger vue prise du fort des pénitenciers
6 Blidah.
7 Campagne dans les environs d'Alger.
8 Faubourg-Bab-el-Oued.
9 Alger vue prise de Mustapha-supérieur.
10 ⎫ Coteaux de Mustapha.
11 ⎭

Nos
12 ⎫ Alger vue prise du cimetière de Mustapha.
13 ⎭
14 Coteaux de Mustapha.
15 Vallée de l'Oued Kébir, près Blidah.
16 Route du Ruisseau.
17 Boutique de Mozabites.
18 Intérieur mauresque, salon.
19 Etude d'aloès.
20 Amirauté avec Fontaine
21 Salon mauresque.
22 Fontaine à l'Amirauté.
23 Etude d'olivier.
24 Allée des Palmiers.
25 Mosquée d'El-Kebir (Alger)
26 Ouvroir musulman.
27 Grand séminaire.
28   id.

Nos	Nos
29, 30, 31 } Gorges de la Chiffa.	63 Galerie du Palais du Sous-Gouverneur.
32 Bois-sacré à Blidah.	64 Intérieur du Palais du Gouverneur.
33 Pont sur l'Oued-Kébir près Blidah.	65 Etude de pins.
34 Etude de cactus.	66, 67, 68, 69, 70 } Etude d'aloés.
35, 36 } Gorges de la Chiffa.	
37 Mosaïque trouvée à Alger.	
38, 39, 40 } Mosquée Sidi-Abderhaman. Porte.	71, 72, 73, 74, 75, 76, 77, 78, 79 } Boudzaréah, près Alger.
41 Mosquée Sidi-Abderhaman minaret.	
42 Groupe d'arabes dans les Gorges de la Chiffa.	
43, 44, 45, 46, 47, 48, 49 } Gorges de la Chiffa, ruisseau des Singes.	80 Tombe à la Boudzaréah.
	81 Boudzaréah.
	82, 83, 84 } Antiquités au Musée d'Alger.
50 Vue du port d'Alger.	85 Conseil de guerre dans une Oasis.
51 Cimetière de la mosquée Sidi-Abderhaman.	91 Rue d'Alger.
52 Intérieur mauresque.	92 id.
53 Noria mahonnaise.	93 Rue de la Gazelle.
54 Maison de campagne.	94 Casbah.
55 Alger vue de Mustapha.	95 Rue de la Casbah.
56 Bananier (Musa).	96 Rue du Rempart.
57 Route de la Fontaine-Bleue (olivier).	97, 98, 99, 100 } Rue de la Mer Rouge.
58 Entrée de Blidah.	
59 Etude d'Olivier.	
60 Minaret de la mosquée El-Kébir.	101 Rue du Rempart.
61 Fontaine intérieure de la mosquée El-Kébir.	102 Rue Porte-Neuve.
	103 id,
	104 Rue des Pythuises.
62 Intérieur de la mosquée El-Kébir.	105 Rue Sidi-Hellel.
	106 id.

Nᵒˢ		Nᵒˢ	
107	Palais du Gouverneur façade.	138	Porte du Tombeau Bou-Medine.
108	Palais du Gouverneur façade.	139	Porte de la mosquée Bou-Medine.
109	Intérieur du palais du Gouverneur à Alger.	240	Porte de la mosquée Sidi-Haloui.
110 111	Salon du palais du Gouverneur.	141	Une rue à Bou-Médine.
		142	Bab-el-Kermadi, ancienne porte de Tlemcen.
112	Plafond du salon du palais du Gouverneur à Alger.	143	Marabout à Tlemcen.
113	Oasis Ste-Marie à Alger.	144	Une rue de Sidi-Haloui.
114	Campagne mauresque.	145	Vue générale de Tlemcen prise de Bou-Medine.
115	Intérieur mauresque à la campagne.	146	Marabout à Tlemcen.
116 117	Fontaine de Tixeraïm.	147	Cascades de Tlemcen.
		148	Route du Ruisseau près Alger.
118	Chemin de Tixeraïm.	151	Femmes de Biskra.
119	Fontaine mauresque à Birkadem.	152 153	Arabe lettré, Taleb.
120 121 122 123	Pointe-Pescade, près Alger.	154	Maure debout.
		155	Maure assis.
		156 157	Juive.
124 125	Alger de l'entrée du port	158	Mauresque costume de rue.
		159	Juif.
126	Mosquée Sidi-Haloui à Tlemcen.	160	Jeunes Maures.
127	Cour de la mosquée Bou-Medine à Tlemcen.	161	Maure.
		162	Jeune Maure.
128 129	Intérieur de la mosquée Bou-Medine à Tlemcen.	163	Juive
		164	Mauresque avec Mléia.
130	Tombeau des anciens rois de Tlemcen.	165	Mauresque costume d'intérieur.
131	Intérieur de la mosquée Bou-Medine, Tlemcen.	166	Négresse marchande de pain
		167	Spahis.
132 133 134	Porte d'entrée de la mosquée Bou-Medine Tlemcen.	168	Spahis avec son cheval.
		169	Jeune mauresque.
		170	Spahis avec son cheval.
135	Marabout Sidi-Yacoub de Tlemcen.	171	Spahis à cheval.
		172	Mauresque costume de ville
136 137	Intérieur de Sidi-Haloui.	173	Femme Kabyle.
		174	Groupe de mendiants.

Nos
175 Portes de fer.
176 Vallée de l'Oued-Sahel.
177 Oued-Meleh (Portes de fer).
178 Portes de fer.
179 Les Trois-Palmiers route de Constantine
180 Vallée de l'Oued-Kébir près Blidah.
181 Les grandes Portes de fer.
182 Allée des Platanes Jardin d'Essai.
183 Pointe pescade.
184 Route du Ruisseau.
185 Intérieur mauresque.
186 Vue du Jurjura
187 Pointe-Pescade.
188 Alger de Mustapha-Supérieur.
189 Etude de figuier de barbarie
190 Etude d'olivier.
191 Cactus et aloès.
192 Etude de figuiers.
193 Cimetière anglican.
194) Mauresque costume d'in-
195) térieur.
196 Mauresque et mulâtresse costume d'intérieur.
197 Mulâtresse de profil.
198 Mulâtresse de face.
199) Mauresque costume d'in-
200) térieur.
201 Juif vieillard.
202 Groupe de 5 Touaregs.
203 Groupe de 2 Touaregs.
204)
205 } Tête de Touareg dévoilée
206)
207 }
208 } Juive.
209 Jeune maure.
210 Touareg voilé.

Nos
211)
212 } Tête de Touareg.
213)
214 Mauresque blanche costume de ville.
215 Mauresque costume d'intérieur.
216 Mauresque voilée et sans voile.
217 Mauresque voilée assise.
218)
219 }
220 } Caïds.
221)
222) Négros, musiciens am-
223)   bulants à Alger.
225 Tentes arabes du Sud.
226 Tente d'un grand chef.
227 Tente commune.
228 Tente de Caïd sans personnages.
229)
230 } Groupe de chameaux.
231 Tente d'un grand chef.
232 Café maure en campement.
233 Tente arabe.
234)
235 } Campement arabe.
236 Etude de chêne-vert.
237 Bois d'olivier.
238) Café maure route de
239)   Médéah.
240 Crevasse aux portes de fer.
241 Allée de palmiers au Jardin d'Essai.
242 Porte de fer sortie.
243 Palmiers du jardin d'essai.
244 Yucca.
245 Négro.
246 Arabe.
247)
248 } Nègre salem.

Nos
249 ⎫ Mauresque costume d'in-
250 ⎭   térieur.
251 ⎫ Cheval arabe avec son
252 ⎭   cavalier.
253 ⎫ Jeune maure sur son
254 ⎭   âne.
255 Ane.
256 Cavalier arabe.
257 Mauresque costume d'inté-
     rieur.
258 Mauresques costume d'in-
     térieur.
259 Mauresque.
260 Cavalier arabe.
261 Fontaine bleue près Al-
     ger.
262 Place du Gouvernement,
     Hôtel de la Régence.
263 Femmes de Biskra.
264 Ouled Naïls.
265 Mauresque costume d'inté-
     rieur.
266   id.
267 Femme de Biskra.
268 Intérieur mauresque.
269 Cèdre.
270 Cimetière.
271 Femmes de Biskra.
272 ⎫
273 ⎬ Mauresque costume d'in-
274 ⎥   térieur.
275 ⎭
276 Alger vue de l'Amirauté.
277 Cimetière Abderhaman.
278 Jardin Marengo.
279 ⎫ Intérieur mauresque,
280 ⎭   cour.
281 ⎫
282 ⎬ Intérieur mauresque ga-
283 ⎥   lerie.
284 ⎭

Nos
285
286
287
288
289
290
291 ⎫
292 ⎬ Forêts des cèdres de
293 ⎥   Téniet-el-Haâd.
294
295
296
297
298
299 ⎭
300 Rue à Biskra province de
     Constantine.
301 Campement à Biskra.
302 Cimetière à Biskra.
303 ⎫ Palmiers dans l'oasis de
304 ⎭   Biskra.
305 Groupe d'arabes dans l'oasis
     de Biskra.
306 ⎫
307 ⎬ Oasis de Biskra.
308 ⎥
309 ⎭
310 Café maure de Tougourt.
311 Allée des Gommiers à Bis-
     kra.
312 Hôtel du Sahara à Biskra.
313 ⎫ Mosquée Bab-el-Dert à
314 ⎭   Biskra.
315 Arabes faisant cuire un mou-
     ton à Biskra.
316 Rue de l'Olivier à Biskra.
317 Puits artésien à Biskra.
318 Rue dans l'oasis de Bis-
     kra.
319 Gourbi en palmiers à Bis-
     kra.

Nos	
320 – 325	Oasis de Biskra (palmiers).
326	Rue à Biskra.
327	Palmiers dans l'oasis de Biskra.
328	Gorges d'El-Kantara (route de Constantine à Biskra.
329	Ruisseau des Laveuses dans les gorges d'El-Kantara.
330 – 331	Oasis de Biskra.
332	Palmier avec ses régimes dans l'oasis de Biskra.
333	Chameaux porteurs, Biskra.
334	Palmiers dans l'oasis de Biskra.
335	Rue à Biskra.
336	Mosquée Bab-el-Derb à Biskra.
337	Rue du Marché à Biskra.
338	Mosquée Sidi-Okhba près Biskra.
339	Maison de Benghana près Biskra.
340	Entrée du village Bab-el-Derb à Biskra.
341	Café maure de Biskra.
342	Négresse de Biskra.
343	Famille nègre à Biskra.
344	Négresse portant son enfant sur le dos.
345	Tentes dans l'oasis de Biskra.
346	Fabrique de briques à Biskra.
348	Palmiers dans l'oasis de Biskra.
349	Ruines du vieux fort à Biskra.
350	Le Désert vue prise du col de Sfa.
351	Rue à Biskra.
352	Tombeau de Sidi-Okhba.
353	Entrée du village Bab-el-Derb.
354	Groupes de femme de Biskra.
355	Femme de Biskra.
356 – 362	Ouled Naïls femme de Biskra.
363	Chameaux porteurs à Biskra.
364	Vue générale de Biskra.
365 – 366	Cascades de Constantine
367	Pont à Constantine.
368	Vue générale de Constantine
369 – 370	Vue du vieux fort à Biskra.
371 – 374	Gorges d'El - Kantara, route de Constantine à Biskra.
375	Vue du vieux fort à Biskra.
376	Rue à Biskra.
377	Palmier avec régime à Biskra.
378	Porte de la mosquée Djedid à Biskra.
379	Fontaine de la mosquée El-Kébir.
380 – 381	Mosquée-El-Kébir façade.

— 92 —

Nos
382 Cacolet.
383 Soldat du train.
384 Alger de l'oasis Ste-Marie.
385 Hôtel d'Orient.
386 Jardin Marengo.
387 Alger de l'oasis Ste-Marie.
388 Alger de la Casbah.
389 Porte de la Casbah.
390 Arabe appuyé sur un palmier.
391 Juive de profil.
392 Oran (vue générale prise du fort Ste-Grégoire.
393 Aloès étude.
394 Mauresque costume d'intérieur.
395 ⎫
396 ⎬ Juive.
397 ⎭
398 ⎱ Mauresque costume d'intérieur.
399 ⎰
400 Mauresque costume d'intérieur.
401 Négro.
402 Mauresque costume d'intérieur.
403 Intérieur mauresque, musée
404 Négro.
405 Kabyle.
406 Antiquités au musée d'Alger.
407 ⎱ Gorges de Palestro.
408 ⎰
409 Mulâtresse.
410 ⎫
411 ⎬ Mauresque costume d'intérieur.
412 ⎭
413 ⎠
414 ⎫
415 ⎬ Femmes arabes.
416 ⎪
417 ⎭

Nos
418 Femme arabe donnant à boire.
419 Hôtel du Sahara à Biskra.
420 Amirauté.
421 Aloës.
422 Yucca.
423 Mauresque costume d'intérieur.
425 Tête de mauresque.
426 Ferme Randon.
427 ⎫
428 ⎬ Constantine vue générale
429 ⎭
430 Groupe d'arabes à Biskra.
431 ⎫
432 ⎬ Mauresque costume d'intérieur.
433 ⎭
434 Spahis.
435 Nègre.
436 Négro (tête)
437 Marché arabe.
438 Bois-Sacré à Blidah.
439 Intérieur mauresque musée
440 ⎱ Intérieur archevêché.
441 ⎰
442 Amirauté vue générale.
443 Intérieur mauresque musée (Cour).
444 Oasis Ste-Marie, près Alger.
445 ⎫
446 ⎬ Intérieur mauresque à la campagne.
447 ⎭
448 ⎫
449 ⎪
450 ⎬ Intérieur mauresque.
451 ⎪
452 ⎭
453 Intérieur mauresque cour.
454 Terrasse de maison mauresque.
455 ⎱ Porte d'une maison mauresque.
456 ⎰

Nos
457 Cour Mauresque.
458 Intérieur mauresque.
459 Kabyle à la porte de son gourbi.
460 ⎫
461 ⎭ Etude d'arbres.
462 Vue générale de Biskra.
463 Etude de cactus.
464 Entrée d'une maison mauresque.
465 Marabouts
466 Intérieur mauresque.
467 Salon de la maison Zamith.
468 Entrée de la maison Zamith
469 Minaret de Mansourah vue de face.
470 Maison de campagne.
471 Porte à Tlemcen.
472 Porte de la mosquée Bou-Medine à Tlemcen.
473 Cimetière arabe à Tlemcen.
474 Intérieur de la mosquée Bou-Medine à Tlemcen.
475 Tombeau des anciens rois de Numidie à Tlemcen.
476 Minaret à Tlemcen.
477 ⎫
478 ⎭ Etude d'olivier.
479 Gorges du Chabet-el-Aakra route de Bougie à Sétif.
480 Gorges de Chabet-el-Aakra
481 Arabes avec mules dans les gorges du Chabet.
482 Etude d'olivier.
483 Gorges du Chabet-el-Aakra pont.
484 Etude d'olivier.
485 ⎫
486 ⎭ Chabet-el-Aakra.
487 Porte Sarrazine à Bougie.

Nos
488 Chabet-el-Aakra.
489 Minaret de Mansourah profil.
490 ⎫ Minaret de Mansourah
491 ⎭ par derrière.
492 Etude d'olivier.
493 Chabet-el-Aakra.
494 Arabe avec mules dans les gorges du Chabet.
495 Etude d'olivier.
496 Chabet-el-Aakra.
497 Chabet-el-Aakra pain de sucre.
498 ⎫
499 ⎬ Chabet-el-Aakra.
500 ⎭
501 Intérieur mauresque.
502 Amirauté.
503 Alger de Mustapha.
504 Pont de Constantine.
505 Cimetière anglican.
506 Chabet-el-Aakra.
511 Mosquée Bab-el-Derb, à Biskra.
512 Le Désert.
513 Rue à Biskra.
514 ⎫ Tentes dans l'oasis de
515 ⎭ Biskra.
516 Tentes arabes dans l'oasis de Biskra.
517 ⎫
518 ⎭ Oasis de Biskra.
519 ⎫
520 ⎬ Vue générale de Biskra.
521 ⎭
522 Oasis.
523 Vieux fort de Biskra.
524 Arabe de Biskra.
525 Musicien de Biskra.
526 Jeune Ouled-Naïl de Biskra.
527   id.
528 Campagne des environs d'Alger.

Nos
529 ⎫
530 ⎬ Oasis de Biskra.
531 ⎪
532 ⎭
533 Mosquée Sidi-Okhba près Biskra.
534 Oasis de Biskra.
535   id.
536 ⎫
537 ⎬ Intérieur mauresque.
538 ⎪
539 ⎭
540 Extérieur de maison mauresque (jardin).
541 Intérieur mauresque.
542   id.
543 ⎫
544 ⎪
545 ⎪
546 ⎪
547 ⎬ Etude de plantes au Jardin d'Essai.
548 ⎪
549 ⎪
550 ⎪
551 ⎭
552 ⎫
553 ⎪
554 ⎪
555 ⎪
556 ⎬
557 ⎪
558 ⎭
560 Amirauté.
561 Etude de plantes au Jardin d'Essai.
562 ⎫
563 ⎬ Cheval
600 ⎫
601 ⎪
602 ⎬ Intérieur mauresque.
603 ⎪
604 ⎪
605 ⎭

Nos
606 Café maure du Jardin-d'Essai.
607 Arabe contre un mur.
608 Juive d'après un tableau Lazerge.
609 Cimetière maure.
800 ⎫
801 ⎬ Débris divers du pretorium de Lambessa.
802 ⎭
803 Mosaïque des quatre saisons Lambessa.
804 ⎫ Débris divers du pretorium
805 ⎭   de Lambessa.
806 ⎫
807 ⎬ Panorama de Bou-Saâda
808 ⎭
809 Palmiers de Bou-Saâda.
810 Jardin du commandant supérieur de Bou-Sâada.
811 ⎫ Bords de la rivière de
812 ⎭   l'oasis de Bou-Saâda.
813 Gorges d'El-Kântara, route de Constantine.
814 Porte d'entrée du forum de Djelina.
815 Oued Krob à Msila.
816 Oued Bou-Saâda.
817 Oued Krob à M'sila.
818 Porte des bains romains à Lambessa (porte Est).
819 Vallée de l'Oued-Beb.
820 Pretorium de Lambessa.
821 Porte du Forum de Djenila près Sétif.
822 Oued-Krobs à Msila.
823 Arabes devant un café maure (route de Constantine).
824 Reste des bains Romains à Lambessa (porte nord).

ÉPREUVES-ALBUM AVEC TITRE INDICATEUR

Ces épreuves mesurent 0 m. 10 c. sur 0 m. 16 c.
grandeur de la photographie

L'ÉPREUVE........ .... 0 fr. 50

DEUX CENTS CLICHÉS DIFFÉRENTS

LA COLLECTION SE COMPOSE DE :

Alger (Vue du Môle). **Mustapha, la Casba, Boulevard de la République**
(Vue des deux *extrémités* du Boulevard)

Rues

Rue de la Casba.
De la Colombe.
De la Grue.
De la Gazelle (haut).
De la Gazelle (bas).
Impasse de la Gazelle.
Rue de la Marine.
Tournant Rovigo (ancienne Porte-Neuve).
Rue du Rempart.
Rue Porte-Neuve.
CASBA (Porte).
Casba (Fontaine).
Casba (Pavillon de la scène du Chasse-Mouche).
Casba (Terrasse).

Intérieurs mauresques

Intérieur du Musée.
      Cour.
      Premier étage.
Intérieur du Palais du Gouvernement.
      20 clichés d'intérieur (différents).

Jardin d'Essai

Allée des Palmiers.
Allée des Bambous.
Allée des Cactus.
Allée des Platanes.
Allée des Bananiers.
Rond-point.
Le Lac.
Café maure.
Café du Jardin-d'Essai.
Noria Mahonnaise.

Gorges de la Chiffa

Les Cascades.
Sidi-Madani.
La Route.
Le Ruisseau des Singes.
FORT DES ANGLAIS.
FORT DE LA POINTE-PESCADE.
FORT BARBEROUSSE.
Profil de la Pointe.

NOTRE-DAME-D'AFRIQUE.
   Vue de face.
   Vue de profil.
Église de Sidi-Moussa.
Église anglicane.
Le grand Séminaire.

Mosquées

Mosquée Sidi-Abderrahman (face).
Mosquée (ancienne rue communiquant à la Casba).
Escalier de la Mosquée.
Tombeau (vu du Cimetière).
Caroubier (Mosquée).
Mosquée d'El-Kebir.
   Intérieur.
   La Cour.
Mosquée El-Djedid.
Mosquée El-Djedid (Vue extérieure).
ÉTUDE D'OLIVIERS.
Route du Sacré-Cœur.

Jardin Marengo

Jet d'eau et Avenue.
Kiosque.
Avenue des Bellombras.
Avenue des Palmiers.

Village d'Isly.
Mosquée derrière le Jardin Marengo.
Chefs indigènes, etc., etc.

VOYAGE EN KABYLIE

TIZI-OUZOU (Épreuve de 0^m35 c. de long), 4 fr.

Épreuves à 0 fr. 50 : 0^m10 c. sur 0^m16 c.

Rue de Tizi-Ouzou (village kabyle).
Ferme kabyle (Tizi-Ouzou).
Groupe de femmes.
Fontaine Aïn-Sultan (Tizi-Ouzou).
Arbres des Berrani (route de Tizi-Ouzou à Fort-National).
Village kabyle (route de Tizi-Ouzou à Fort-National.
Route du Tournant d'Aïci.
Aspect de la route.
Tribu.
Fort-National.

Toutes ces Épreuves sont en cartes à **3 fr. la douzaine** et à **0 fr. 25** la pièce.
En stéréoscopie, **0 fr. 50.**

A la série des Cartes, il faut ajouter :

MAURESQUE en costume de ville.
   Costumes d'intérieur (20 clichés différents).
MULATRE (trois poses).
NEGRO (quatre poses).
NÉGRESSE (vendeuse de pain).
YAOULED de place (10 clichés).
MENDIANTS (10 clichés).
MAURES d'Alger (10 clichés).
ARABES de la plaine (5 clichés)
FAUCONNIERS.
CHAMELIERS (2 clichés).
HALTE d'une caravane.
TENTE de chef avec personnages.
TENTE commune.
BOURRIQUOTIERS (2 clichés).
MUSIQUE des nègres.
JUIF.
JUIVE.
DANSEUSE mauresque (4 clichés).
FEMME kabyle.
DEVINERESSE.
KABYLE.
Rampe Vallée.
Arsenal.
Notre-Dame-d'Afrique (vue de la Casba).
   Etc., etc., etc.

— 100 —

ALBUMS DEPUIS 6 FRANCS

—

PHOTOGRAPHIES DE LA PROVINCE DE CONSTANTINE

—

Photographies diverses de la province d'Oran

—

RENSEIGNEMENTS ARTISTIQUES SUR LES VOYAGES

Typ. Aillaud et Cⁱᵉ.

www.ingramcontent.com/pod-product-compliance
Lightning Source LLC
Chambersburg PA
CBHW070304100426
42743CB00011B/2339